올해도 과꽃이 피었습니다

나의 60th 봄날에~

올해도
과꽃이
피었습니다

나의 60th 봄날에

2022년 7월 22일 초판 1쇄 발행

지 은 이	신선희
이 메 일	jbt6921@hanmail.net
디 자 인	달미소
펴 낸 곳	한딤북스
교정교열	박제언
신고번호	제2009-6호
등록주소	서울시 영등포구 문래동 164, 2동 3803호(문래동3가, 영등포SK리더스뷰)
팩 스	(02) 862-2102

ISBN   979-11-85156-47-7 (03190)

정   가 12,500원

올해도
과꽃이
피었습니다

나의 60th 봄날에

신선희 지음

한덤북스

목차

여는 글 / 10

●

1부 / 13

● ● ●

3부 / 123

돌날. 엄마, 아빠와 함께. 두 분 모두 젊고 멋지다. 나도 예쁘다.
그런데 내 얼굴에 내 손녀 얼굴이 보인다. 정말 놀랍다.(1963년)

여는 글

만 60세.

환갑이다. 숫자에 놀라지만 그리 살아 온 세월이다.

환갑 하면 제일 먼저 떠오르는 것이 잔치 후 할아버지, 할머니가 자식들과 손주들에 둘러 싸여 찍는 가족사진이다. 요즘은 100세 시대다 보니 그런 환갑 잔치는 안 하는 추세다. 나 또한 환갑이 실감나지 않는다. 그래도 환갑을 맞는다는 건 나름 의미 있는 시간이 아닐까. 그래서 난 '나의 60잔치'를 준비하기로 했다.

60년 동안 여기까지 온 건 나 혼자 만의 것이 아니기에 감사하고 싶었고 추억하고 싶었다.

아직 호기심이 많아 배우는 것을 좋아한다. 배움 속 자극이 항상 날 깨어 있게 해 기분 좋다.

5월 전자책 강의를 들었다. 요즘 새로운 트렌드인 거 같아 학생들에게 소개할 목적으로 신청했는데 강의를 듣다 보니 책 한 권 만들

어 보고 싶다는 생각이 들었다. 그렇게 내 안의 글쓰기와 나의 60잔치
가 만났다.

50이 넘어갈 때, 살아온 날보다 살아갈 날이 적다는 것에 많이 놀랐
다. 그리고 앞으로 주어지는 하루 하루에 최선을 다 해야겠다 생각했
다. 하지 못한 것에 대한 과거 속 미련들을 깔끔히 접고, 앞으로 남은
시간에 더 집중하며 살기로 결심했다. 그리하여 달려온 시간들이 있었
기에 오늘 글쓰기에 용기를 낼 수 있었다.

늦은 나이에 다양한 도전을 하고있다. 쉽지 않으나 재밌다. 도전
을 통해 많은 생각과 다양한 인연을 만나는 재미가 솔솔하다. 삶이 내
게 주는 값진 선물같다. 내 인생에 이런 기회와 선물들을 만날 수 있어
감사하다.

나의 60년 시간들을 돌아보며 책을 만들려 한다. 난생 처음 해 보는
도전에 설레고 기대가 된다.

나의 숙제가 시작되었다.

2021. 07. 03.

1부

턱골집

강원도 영월군 상동읍 구래리 사택 병1호. 내가 살던 강원도 턱골집 주소이다.

아버지가 다니신 광업소를 지나 계속 올라가면 턱골 동네가 나온다. 신작로를 따라 양 옆으로 집들이 적게는 4가구 많게는 10 ~ 20여 가구가 모여 앉아 있다. 집들은 백운료라는 기숙사를 지나 그 뒤 산동네까지 이어진다. 우리 집은 중간 지점 다리를 지나자 마자 오른쪽 돌계단을 따라 오르면 나온다. 아버지가 손수 만드신 돌계단 양 옆으로 텃밭이 있었고, 마당 한 쪽엔 닭장을 만들어 닭도 길렀다. 언제든 우리에게 신선한 야채와 계란, 닭고기가 제공되었다. 부지런한 아버지의 덕이다. 옆집으로는 선미네, 영준네, 문형오빠네 이렇게 4가구가 모여 살았다. 같은 수돗가를 사용하며 음식도 나눠 먹고, 김장도 같이 하고, 늦게 태어난 우리 집 막내는 동네 막내로 길러졌다. 냉장고 없던 시절 수돗가 물속에 담긴 단지 속 김치는 우리들의 훌륭한 간식거리였다.

1962년 난 이곳에서 태어났고 엄청 신나고 재밌는 유년 시절을 보냈다. 강원도 사계절의 변화와 느낌이 아직도 나의 몸 구석구석에 고스란히 박혀 있을 만큼 온 사방을 뛰어다녔다. 그러나 이 시간은 그리 길지 못했다. 6학년이 되자 엄마는 단 한마디 상의도 없이 나를 서울로 전학시켰다.

1년을 매일 울었다. 상동이 그리워서 너무 그리워서 그렁그렁 눈물을 매달고 살았다. 그때 처음으로 시를 쓴 거 같다. '어디든 훨훨 날 수있는 새야 넌 참 좋겠다'고…. 해가 지나면서 동생들도 하나, 둘 서울로올라왔고 상동은 방학 때만 내려가는 곳이 되었다.

세계 최대의 텅스텐 매장량을 갖고 있는 상동광업소(대한중석)는 1960년대 대한민국 수출의70%를 차지할 정도로 번성을 누린 곳이다.내가 태어나 자란 시기가 최고의 전성기로 어릴 적 내 기억 속 상동은엄청난 풍요로움 속에서 부족함 없이 살았던 곳이다. 그러나 1980년대대한중석은 중국의 값싼 텅스텐에 밀려 쇠퇴하기 시작하였고, 구조 조정의 바람이 일며 아버지도 상동을 떠나야 했다. 광산은 1992년에 채굴을 중단했고 1994년에 문을 닫게 된다.

1993년인가 여름 휴가로 강원도 가는 길에 상동에 들렀다. 아버지퇴직 후 얼마 만인가 잠도 설쳐가며 열심히 상상을 했다. 턱골집에 가면 "안녕하세요? 전에 이 집에서 살던 사람인데 잠깐 집 구경 좀 해도될까요?" 허락을 구하고 잠시 마루에 앉아 신작로도 한번 내려다 보리라 맘 먹었는데… 아뿔사!! 내가 살았던 집은 지붕을 인 채 그대로 폭삭 내려앉아 있었다. 아버지가 만들어 놓은 돌계단은 잡초에 묻혀 보이지도 않았다. 초등학교 1학년인 큰아이가 놀란 눈으로 "엄마, 이런 데서 어떻게 살았어요?"라며 나를 이상한 사람처럼 바라보았다. "아니야, 엄마 어릴 적엔 이러지 않았어. 돌계단 옆엔 과꽃과 코스모스가 흐드러졌고, 양쪽 텃밭엔 신선한 야채가 가득했고, 다리 밑 개울가와 신작로 앞, 뒤, 옆 산들은 사계절 엄마 놀이터였다고. 꽃밭의 꽃들이랑 채소밭의 애호박은 엄마 소꿉장난 단골메뉴였고…". 내 머리 속엔 너무도 또렷한 나의 어린 시절이 계절별로 빠르게 지나가고, 내 입은 그때 모습들을 속사포처럼 쏟아냈지만 내 아이에겐 절대 상상할 수 없는 풍경이니라. 이렇게 턱골집은 세월의 흐름 속에 옛 모습을 찾을 수 없을 정도로 변해 가고 있었다.

아버지가 즐겨 부르시던 '고향 무정'이 생각났다.

구름도 울고 넘는 울고 넘는 저 산 아래
그 옛날 내가 살던 고향이 있었건만
지금은 어느 누가 살고 있는지 지금은 어느 누가 살고 있는지
산골짝엔 물이 마르고 기름진 문전옥답 잡초에 묻혀 있네.

이제 내 고향 상동은 내 기억 속에만 존재한다. 그러나 나에게 강원도는 나의 어린 시절의 모든 것이며 지금의 나를 만든 곳이다. 아직도 나에게 무한한 상상력을 자극하는 곳이며 자연을 사랑할 수 있는 마음을 선물한 곳이다. 새벽에 일찍 일어날 수 있는 부지런함과 나름의 강건함, 툭 터지는 감성까지 나의 모든 것은 강원도에서 만들어졌고 아직도 그 힘은 내 안에 살아 있다.

턱골집 마당 가을 꽃밭에서. 엄마, 아빠, 막내지현.(1974년)

턱골집 텃밭에서 고추따는 엄마와 막내지현 뒤쪽으로 백운료 올라가는 길이 보인다.

세째희선과 막내지현. 광업소 내려가는 길과 사택들이 보인다.

상동 광업소

강원도에 있는 광산을 생각하면 석탄을 떠올리나 상동은 텅스텐 광석이 매장된 곳으로 1912년 일제 강점기 때 개광된 곳이다. 지금은 폐광되어 과거의 모습을 찾아 보기 힘들지만 내 어린 시절 상동광업소를 그려 본다.

광업소 정문에 서면 오른쪽 위 편에 산만한 꼴두바위가 위풍당당히 앉아 있다. 조선 선조 때 강원도 관찰사로 부임한 송강 정철(鄭澈)은 이 바위를 보고 "먼 훗날 심산 계곡인 이 곳에 수만 명의 사람들이 모여들어 살며 이 바위를 우러러볼 것"이라고 예언했다 한다. 아마도 내가 어린 시절을 보낸 시기가 정철이 예언한 그 시기가 아닌가 싶다. 그 좁은 골짜기에 3만 5천 명의 인구가 모여 살았고, 유치원3개에 국민학교도 본교, 분교 모두 오전 오후 반으로 꽉꽉 채워 돌아갔다. 광업소 정문 앞으로 시장 통이 제법 크게 자리잡고 있었다. 항상 사람들로 붐볐고 없는 가게가 없었다. 시장 통 천일 식당 숯불 불고기 맛이 그립다. 그리고 광업소 소속의 종합병원과 상동중고등학교가 있었다.

광업소를 들어가려면 정문을 통과해야 한다. 정문 오른쪽엔 초소가 있고 앞엔 굵은 쇠줄 체인이 광업소 안과 밖 경계를 나눴다. 난 가끔 그

쇠줄을 줄넘기인 냥 폴짝 넘어 광업소 안으로 들어 가곤 했다. 항상 개방되어 있지는 않다. 어떤 날은 통제를 하여 산길로 돌아 집으로 가야했다. 정문 건너 편엔 배급소가 있는데 난 이곳을 굉장히 좋아했다. 엄마가 배급소 가신다면 쪼르륵 따라갔다. 배급소는 상동광업소 직원들에게만 제공하는 다양한 물건들이 진열되어 있는 대형마트 같은 곳이다. 엄마가 필요한 물건을 체크하여 창구에 넣으면 그 안에 있는 언니들이 물건들을 바구니에 담아 창구 밖으로 내민다. 그러면 엄마는 가져간 장바구니에 물건들을 담아 오신다. 돈을 내지 않아도 물건을 주다니, 나에겐 너무 신기했다. 한참 커서야 아빠의 월급에서 물건값이 나가는 걸 알았다. 세상에 공짜가 어디 있으랴.

내가 가장 좋아한 물건은 연유와 분유였다. 연유의 달짝한 맛과 분유의 뽀득한 맛이 아직도 그립다. 칫솔과 럭키치약도 그 당시엔 귀한물건이었다. 소금을 손가락에 묻혀 닦다 어느 날 치약으로 바뀌었으니어린 아이 눈에 배급소는 호기심 그 자체였다.

광업소 정문을 지나면 선광, 총무, 화공, 채광이 차례로 나온다. 특유의 중석 냄새가 항상 깔려 있다. 총무과 화단 옆 공동 화장실, 어쩌다들른 화장실 밑으로 회색 중석물과 냇물이 같이 흐르고 있어 너무 놀랐다. 바람도 그 곳으로 들어오니 볼일 보기가 상당히 어색했다. 거기에 높이까지 있어 공포스러웠다. 지금도 화장실 밑으로 흐르던 회색 중석물이 생생하다. 어린 내가 빠지지 않고 무사히 나온 게 기적 같다.

　　선광은 산기슭을 타고 밑까지 길게 연결되어 있다. 지나다 들여다본 선광은 커다란 동굴 입처럼 항상 열려 있다. 그 안엔 길쭉하고 커다란 무쇠 통들이 엄청난 소음과 함께 돌고 있다. 어찌나 소리가 큰지 귀를 막아야 했고 말소리는 거의 전달하기 힘들 정도였다.

　　화공은 아버지가 근무하셨던 곳으로 동생과 함께 도시락 심부름으로 자주 갔었다. 화공 안으로 들어가면 2층 높이의 드럼통들이 많이 있다. 그 안은 항상 더웠고 아버지는 전체 드럼통들을 내려다볼 수 있는 꽤 높은 곳에서 근무하셨다. 그곳에 가려면 철계단을 오르고 철판을 지나 또 하나의 가파른 철계단을 올라야 하는데 어린 아이가 가기엔 쉽지 않았다. 더욱이 철판이나 철계단은 구멍이 숭숭 뚫려 있어 발이 빠질까 늘 조마조마하며 걸었다. 보통은 입구에 서서 동생과 함께 큰 소리로 "아빠~~~"를 부르면 그 소음 속에서도 신기하게 딸들 목소리를 알아듣고 아빠가 나오셨다.

　　채광은 산중턱에 위치해 있다. 지나다 보면 산 위에서 돌 쏟아지는 소리를 듣게 되는데 채광 된 광석들이 밖으로 나와 모아지는 소리다.

텅스텐이 어떻게 완성되는지 아버지께 찬찬히 물어보지 못했으나 채광, 선광, 화공의 작업을 거쳐 만들어 진 거 같다. 뒤늦게 화공 옆으로 APT란 빨강색 벽돌 건물이 지어지면서 아버지는 그 곳에서 근무하다 퇴직하셨다. 항상 낮게 깔려 있는 퀘퀘한 중석 냄새, 엄청난 소음, 가끔 발생하는 갱내사고까지 열악한 노동 환경에서도 가족들을 위해 24시간 교대 근무와 청춘을 보낸 우리들의 아버지들께 깊은 존경과 감사의 마음을 전한다.

광업소 끝 채광으로 올라가는 길 모퉁이에 초소가 하나 있었다. 겨울에 학교 가다 너무 추우면 그 곳에 들러 몸을 녹이고 갔다. 우리들이 들어가면 아저씨는 언제나 난롯가 자리를 비켜 주셨다. 강원도 추위는 정말 춥다. 집에서 나오는 순간 눈썹과 코털이 쩍쩍 들러 붙는다. 눈썹끼리 코털끼리 붙었다가 눈을 깜빡이고 숨을 내쉬면 잠시 떨어진다. 그럴 때마다 쩍쩍 소리가 코 안에서 눈썹 끝에서 나 재밌기도 하고 웃기도 했다. 지금은 이런 강추위를 경험하기 어렵다. 그 추위에도 먼 길을 걸어 학교를 다닌 산골 친구들이 대견하다.

2021년 여름 상동을 방문했다. 이제는 상동이 많이 낯설다. 사람도 거의 없고 시장 골목에도 빈 집들이 많다. 꽉꽉 시장 통을 메꾸던 사람들은 모두 다 어디로 갔을까. 꼴두바위는 그대로 이나 광업소 또한 옛

모습을 찾기 어렵다. 중석물이 흐르던 곳은 복개가 되어 있었다. 더욱이 2021년 여름, 광업소 정문엔 (주)알몬티 대한중석이란 낯선 푯말이 세워져 있고, 많은 공사 차량들이 분주히 오가고 있었다. 공사 차량들을 비껴가며 턱골까지 갔다 오는 길은 그나마 남아 있는 내 기억의 끝자락을 확인하는 시간이었다. 내가 놀던 냇가 바위들도 흐르는 세월 속에 찾기 힘들었고 백운료 기숙사는 폐허가 된 지 오래였다. 대바구니 옷 통을 쓰던 목욕탕도, 크라운산도와 샤브레를 사 먹던 연희네 가게도, 염소 젖을 소주병에 담아 따끈하게 배달해 주던 염소집도 흔적이 없다. 미루나무 수돗가도 못 찾겠고, 다리 건너 산동네 가던 입구도 찾기 힘들었다.

공사 차량의 분주함이 상동에도 변화가 일고 있음을 알리지만 옛날의 영광은 아닐 것이다. 어떤 변화가 일어날 지 더 지켜봐야겠지만 품질 좋은 우리나라 광석이 다른 나라 회사 이름으로 채굴되고 있는 현장이 씁쓸했다. 그리고 더 이상 나의 강원도가 아닌 낯선 풍경이 되어가는 상동 모습이 나를 슬프게 했다.

아빠가 찍은 상동광업소. 왼쪽으로 선광과 채광, 중앙에 아빠가 근무했던 APT건물.
꼴두바위 뒤로 산길도 보이고, 그 끝쪽 턱골 사택들이 조그맣게 보인다.(1981년 1월)

그리운 내 아버지

아버지~ 어제 새벽. 당신은 이 세상 마지막 긴 숨을 남기고 조용히 눈을 감으셨습니다.

착하고 고우신 내 아버지.

막내와 함께 한 아버지의 마지막 시간은 참으로 힘들었습니다. 연락을 받고 도착하니 폐렴이 빠르게 번져 오늘 밤 넘기기가 힘드실 거 같다 했습니다. 계시던 병원이 문을 닫는 바람에 세밑 끝 급하게 옮겨진 날 너무도 불안하고 슬픈 눈으로 저를 바라보셨지요. 아버지의 그런 모습이 처음이라 당혹스러웠습니다. 괜찮다고 더 좋은 곳으로 왔다고 말씀드렸지만 계속 흔들리는 아버지의 눈동자가 저와의 마지막 대화였습니다.

마지막 가시는 숨소리는 너무도 거칠고 힘들었습니다. 조금이라도 도와드리고 싶었으나 제가 할 수 있는 일은 아무 것도 없었습니다. 삶이란 마지막 순간까지도 혼자서 감당해야 하는 외로운 투쟁 임을 절실히 느꼈습니다. 딸이라는 이유로 그리고 일찍 아버지 곁을 떠나 서울생활을 한다는 이유로 아버지와 깊은 대화 한마디도 나누지 못한 딸입니다. 요양병원에 계실 때도 막내처럼 온 맘으로 아버지한테 다가가지 못한 딸입니다. 죄송하고 죄송합니다.

힘들게 몰아 쉬던 숨소리가 밤12시를 넘기고 새벽 2시경이 되자 조금씩 잦아들었지요. 너무 힘드셔서 잠시 주무시는 줄 알았습니다. 그리고 4시경 조용히 숨을 거두셨습니다.

두 번째 고관절 수술 후, 물 넘김이 제대로 안 되어 끼워진 콧줄이 돌아가신 뒤에야 당신 몸에서 놓아졌습니다. 생각보다 긴 콧줄에 너무 놀랐고 저것에 의존해 살아오신 시간들을 생각하니 그만 울컥했습니다. 의미 있었던 시간이었나, 인간으로서 존엄성을 지킬 수 있었던 시간이었나 많은 생각이 오가며 저는 절대 콧줄은 하지 않겠다는 결심을 하게 되었습니다. 선택의 여지도, 생각할 겨를도 없이 삽입된 콧줄은 온 몸의 살이 다 빠져나가고 퀭한 얼굴이 되고 최후의 호흡이 멈출 때까지 버티게 했습니다. 어찌 보면 잔인한 연장이었다는 생각이 듭니다. 죄송합니다. 아버지… 청춘의 시절도 외롭게 사셨는데 가시는 길도 너무 힘들고 외로운 시간이었네요. 죄송하고 죄송합니다.

엄마가 아버지 영정사진으로 환갑 때 사진을 갖고 오셨네요. 우린 모자 쓰시고 푸근한 미소를 머금은 사진을 기대했는데 엄마는 오래 전부터 이 사진으로 하고 싶었다 합니다. 더 젊었을 적 사진이라고. 아빠에겐 딸들보다 엄마가 우선이라 양보했습니다.

오늘은 아버지를 보내고 두 번째 날입니다.

은경이가 파리에서 옵니다. 새끼들에게 주려고 닭의 목을 비튼 아버지의 용기는 우리를 향한 사랑이었습니다. 강원도 산골 채소만이 풍성한 밥상에 가끔 잘 고아져 올라온 닭백숙은 정말 별미였습니다. 빨리 닭 잡기를 기다리는 철없는 우리들을 차마 외면하지 못하는 착한 우리 아버지를 힘들게 했다는 것을 40이 훌쩍 넘은 어느 날 알게 되었습니다.

24시간 교대로 돌아가는 직장에서 남들 다 자는 시간에도 머리에 별을 이고 출근을 하셨지요. 찬 바람이 뼈 속을 파고드는 한 겨울에도 새끼들 따뜻하게 먹이고 입히려고 그 추운 겨울 밤 긴 산길을 걸어 내려가시는 모습이 지금도 남아 있습니다.

묵묵히 당신의 삶을 온 몸으로 안으며 살아오신 내 아버지.
고맙습니다. 감사합니다. 사랑합니다.

아버지, 수목장으로 결정했습니다. 딸들만 있는 집안에 전라도 영암 모정까지 딸들이 다니기 힘들다고 어머니가 희선이랑 하루 온종일 다니면서 찾아낸 곳입니다. 평상시 화장을 원하지 않으셨다는 말씀을 들었지만 어머니가 많은 생각 끝에 그리 결단을 내리셨습니다.

요양병원에 누워 계실 때 막내가 물었지요. 늘 엄마한테 양보하시며 살아 오셨는데 억울하지 않냐고, 화나지 않으시냐고? 아빠는 씨익 웃으시며 '예쁘잖아~' 한 마디로 평정하셨죠. 평생 예쁜 아내에 대한 사랑이 병상에 누워서도 지속되는 아버지의 일편단심 사랑에 깜짝 놀랐습니다. 이번 일도 예쁜 아내가 결정한 일이니 너그러이 이해해 주세요. 내일 뜨거운 불 속으로 아버지를 보내는 절차가 너무 두렵고 무섭습니다. 용기 주세요. 아버지.   2016. 01. 02.(토) 아침에

2016년 아버지를 보내고 6년의 세월이 흘렀다. 시간이 지나면서 불쑥불쑥 찾아오는 그리움에 눈물을 훔친다. 많이 보살펴 드리지 못함이 가장 걸렸다. 아버지도 외롭고 힘드셨을 텐데 한 번도 그런 마음을 헤아려 드리지 못했다는 것이 죄송하다. 아버지와 그리 많은 시간을 함께하지 못한 딸이다. 그러나 요즘 아버지가 보여주신 삶의 모습이 조용히 말씀으로 다가온다. 딸들만 있어서인가 아버지는 자식들에게 한 번도 어떤 것을 요청한 적이 없다. 뭐든지 당신 스스로 세상을 헤쳐 나가셨다. 식구들이 모두 서울에 있을 때도 테니스로 노래로 등산으로 나무

조각 등으로 강원도에서의 홀로 생활을 꾸려 나가셨다. 퇴직 후 서울에 와서도 스스로 공부하고 직장을 구하여 다니셨다. 외롭게 그러나 꿋꿋하게 세상을 살아 내신 아버지다. 그때 불쑥 찾아가 밥 한끼라도 함께하며 이런 저런 얘기 했다면 얼마나 좋았을까. 외롭고 힘들었을 시간들에 대해 자식으로서 미처 못 헤아렸고, 결과는 아버지의 외로움과 힘듦을 외면해 버린 딸이 돼버렸다. 그 점이 가장 죄송하다.

아빠와 함께.
광업소 정문 다리.(1968년)

남양주 다산길에서. 막내지현, 아버지, 나. (2012년)

도깨비

5살쯤으로 기억한다. 잠결에 오시란(벽장) 속 도깨비를 봤다. 3마리의 도깨비들이 나를 끌어당기고 있었다. 눈을 뜬 상태도 아니고 잠을 자는 것 같지도 않은 상태에서 방안의 식구들을 보았다. 오시란 속 도깨비들은 계속 나를 잡아당기고 있는데 식구들은 편안히 자고 있는 상황이 신기했다. 그렇게 꽤 긴 시간 도깨비와 사투를 벌였다.

다음 날 아침, 아빠한테 도깨비가 오시란 속에 있다며 소란을 피웠다. 문을 열어보니 도깨비는 없었다. 그래도 난 도깨비를 멀리멀리 내쫓아야 한다며 계속 떼를 썼고 아버지는 방망이를 휘두르며 산까지 도깨비를 쫓아내 주셨다. 어찌 보면 모노드라마 배우처럼 어색할 수도 있을 행동을 아버지는 해 주셨다. 지금도 산으로 도깨비를 쫓아내 주신 아버지 모습을 기억하고 있다. 아버지 감사합니다.

내 인생의 첫 기억을 더듬다 보니 도깨비와 사투를 벌인 그 시점이 젤 먼저 생각났다.

불이야!!

6살, 해가 넘어가는 저녁 쯤이었다.

엄마는 청소를 끝내고 수돗가에 걸레를 빨러 가셨고

난 둘째 은경과 깨끗하게 씻고 저녁을 기다리며 마루에 앉아 있었다.

옆집과 우리 집 사이 담으로 붉은 불길이 너울너울 넘어오고 있었다. 저건 '불인데, 불인데' 하면서 그저 바라보고만 있었다.

그때 길 가던 누군가가 "불이야!! 불이야!!"를 다급하게 외쳤다.

그제서야 난 뭔가 잘못됐구나 싶어 반사적으로 동생 손을 잡고 뛰어나왔다. 나오면서 누워 있는 동생을 봤으나 엄마한테 가는 게 먼저라고 생각했던 거 같다.

분명 수돗가까지는 갔는데 그 다음 상황은 어수선하게 남아 있다.

다리 위에 엄마가 쓰러져 있었고 병원 차가 와서 엄마를 싣고 간 거 같다.

글을 쓰다 보니 갑자기 희선이가 궁금해졌다. 엄마한테 전화를 걸었다. "엄마, 그날 희선이는 누가 데리고 나왔어요?" 엄마는 우리를 깨끗이 씻기고 양말과 걸레를 빨러 수돗가로 가셨는데 길 건너편에서 우리 집을 향해 '불이야' 하는 소리를 들으셨다 한다. 반사적으로 집으로 뛰었고 희선이를 안고 나왔다고. 들어갈 때 이미 우리 집으로 넘어온 불길을 보았으나 엄마의 본능은 그 불길을 뛰어넘었던 것이다. 맨발로 아이를 안고 나온 것까지만 기억나고 그 다음은 엄마도 기억이 없다 하신다. 아마도 기절한 거 같다고. 수돗가까지 왔는지, 나오다 어느 지점에 쓰러졌는지. 아버지는 회사에서 아직 안 오시고 우리 세 자매와 엄마는 그날 무사히 불 나는 집에서 탈출할 수 있었다. 그러나 그동안 장만한 엄마의 첫 살림은 불덩이 속으로 깨끗하게 사라졌다.

불이 난 뒤 당장 갈 곳이 없었던 우리는 건너편에 위치한 선미네 집 방 한 칸으로 옮겨가 살았다. 이제 막 돌을 지난 셋째 희선이는 선미 아줌마 손에 많이 키워졌다 한다. 아줌마는 새우젓을 쌀과 함께 갈아 참기름에 달달 볶은 이유식을 만들어 먹였다 한다.

나의 어린 시절에 선미 아줌마는 많은 부분을 차지한다. 늘 약한 울 엄마 대신 우리를 먹여 주고 챙겨 주신 분이다. 선미네 집 방 한 칸 살이는 옆집 사택이 비면서 온전한 한 채를 갖게 된다. 우리는 사택 병 1호, 선미네는 사택 병 2호로 그곳을 떠날 때까지 우리들의 턱골집이 된다.

한다. 그리고 그 집 아빠가 잘 생겨서 미스터 텅스텐이었다는 말도 덧붙이신다. 그러니까 아마도 그 꼬마 아이가 예쁘다는 것을 어린 내가 그리 표현한 것이라 생각된다. 다만 아이 표현이 아니었을 뿐이지.

어린 내가 처음으로 경험한 '무안함'으로 기억하고 있는 사건이다.

안타깝게도 내가 다니던 안당유치원은 2021년 1월 화재로 앞 부분 종탑의 마리아상과 성당으로 오르는 계단만 남고 흔적도 없이 사라졌다. 60년이 넘어가는 성당 건물이 전소되어 바닥만 허옇게 하늘을 보고 누워 있었다. 아치형 초록 지붕도, 뛰놀던 성당 마루바닥도, 아래층 사제관도 완전 사라진 화재 현장을 보고 있자니 나의 유치원 시절 추억도 불과 함께 타버린 거 같아 마음이 아려 왔다. 졸업 사진을 찍던 계단을 내려와 무안함에 내려다봤던 계단 끝 땅바닥도 찾아 보았다. 그리고 그 햇볕 쨍쨍했던 6살 그날로 잠시 갔다 왔다. 모두가 떠난 성당 앞 빈 뜰엔 여름 야생화만 잔뜩 피어 있다.

화재로 종탑과 마리아상만 남은 정면.▲
후면(2021년 여름).▶

여자 반장

3학년, 반장 선거 날.

나도 아이들의 추천을 받아 칠판에 이름이 올랐다.

그때는 당연히 남자가 반장이고 여자가 부반장을 하는 시대였다.

그러나 개표 결과 내가 가장 많은 표가 나왔다. 나도 놀랐지만 담임 선생님이 더 놀라신 거 같았다. 그리고 선거를 다시 해야 한다고 하셨다. 뭐라고 설명하신 거 같은데 또렷이 기억나지 않는다. 암튼 우리는 반장 선거를 다시 했다. 그러나 결과는 또 내게 가장 많은 표가 나왔다.

그렇게 난 반장이 되었고, 남자아이가 부반장이 되었다.

그 아이는 외아들로 강원도 산골에서 서울 도련님처럼 옷을 잘 입고 다녔고 흰 피부에 제법 잘 생긴 아이였다. 그 아이 엄마는 머리에 늘 헤어밴드를 하고 멋쟁이 옷차림으로 학교에 오셨다. 여자가 반장이 된 사실에 몹시 흥분하여 학교에 강하게 항의했다는 소문을 엄마를 통해 들었다. 지금 생각하면 선거를 다시 하고 여자 반장에 항의했다는 거 자체가 황당하나 50년 전에는 너무 당연하고 자연스런 일이었다.

친구들의 이름, 얼굴 모두 기억하기 힘드나 그들이 만들어 준 여자

반장의 기억 조각 하나 예쁘게 내 인생에 남아 있다. 친구들아~ 따뜻한 밥 한끼 대접하고 싶으이. 모두들 잘 지내고 있는가.

지금도 친정 집에 가면 가족사진 속 반장 명찰을 달고 야무진 표정으로 카메라 렌즈를 응시하고 있는 국민학교 3학년 나를 만날 수 있다.

부모님과 희선, 은경, 나
막내는 태어나기 전이라 사진에는 없다.

그건, 폭력이었다

4학년, 남자 담임선생님이었다.

매일 엎드려뻗쳐를 시켜 놓고 엉덩이를 때렸다. 남자아이 여자아이 모두 예외가 없었다. 거의 매일 기합을 주고 몽둥이를 휘두르니 무엇 때문에 맞는지도 몰랐다. 한 사람의 광기에 우린 무기력하게 노출되어 있었다. 처음으로 부당하게 내가 당하고 있다는 것을 알았다. 그러나 1971년 그 시절, 4학년 여자 아이는 폭력에 저항할 생각도 방법도 몰랐다. 지난 시간을 떠올리니 이유없이 맞은 기억만 가득한 해로 남아 있다. 그런데 왜 난 이 짧은 기억을 쓰고 있는 걸까. 지금도 교실 앞 높은 교단 위로 올라가 한 아이가 맞고 일어나면 다음 아이가 엎드리고 그 아이가 맞고 일어나면 그 다음 아이가 자동으로 엎드리는 그 순간이 그려진다. 그때 든 생각은 왜 때리고 맞고 있는 걸까 였다.

2001년 '친구'라는 영화를 봤다. 그 속에 화가 난 선생님이 학생이 채 앞으로 나오기도 전에 쫓아가 뺨을 마구 후려치는 장면이 나온다. 충격이었다. 더 놀란 것은 한국 남자들의 반응이었다. 웬만한 한국의 남자 고등학교에 저런 미친 X같은 선생 한 두 명은 꼭 있다며 그리 놀랄 장면이 아니라는 것이다. 그랬구나, 내가 딸만 있는 집에서 자랐고 여중, 여고만 다녀서 몰랐던 거구나. 한국은 저런 폭력 쯤이야 대수롭지 않다며 입을 다무는 사회였구나. 폭력에 매우 익숙하고 관대한 사회라는 걸 영화를 보고 사람들의 반응을 보고 새삼 알게 되었다. 지금도 한국 영화 속 자주 등장하는 폭력과 욕설은 나를 매우 불편하게 한다.

가끔 4학년 담임의 행동을 생각할 때가 있다. 군대 문화인가, 가부장적 문화인가, 그 사람 개인의 문제인가. 문화에서 배웠다면 나쁜 것만 배워와 약자에게 써먹은 격이고, 본인의 문제였다면 교사로서 자질에 문제가 있는 사람이다.

묻고 싶다. 왜 그랬나요? 그 어린 아이들에게 휘두른 폭력이 부끄럽지 않나요?

몇 년 전 '미투'가 우리 사회에도 오픈 되면서 우리 모두가 그 불편함을 각각 겪어야 했다. 여자임에도 불편했다는 것은 그만큼 기존의 문화에 나도 길들여져 있었다는 결과라 생각한다. 지금도 아직 갈 길은 멀지만 과거보다는 대놓고 함부로 행동하거나 말하지 못하는 사회적 분위기는 형성된 거 같다. 남녀는 누가 위고 아래가 아니라 서로 도와가며 협력하며 살아가는 관계임을 알아야 한다. 성별이 다르게 태어날 뿐이지 서로 인간 대 인간으로 존중하며 각자의 역할을 해 나가는 것이다. 남녀의 문제만이 아니다. 부모와 자식의 문제도 힘의 논리가 아니다. 부모이나 아이의 모든 것이 자신의 소유라 생각해서는 안된다. 교사와 학생의 위치도 상하의 관계가 아니다. 그들의 성장을 도와주는 역할이지 나의 잣대로 아이들을 함부로 재단하는 자리가 아니다.

세상을 살아 보니 폭력으로 또는 자신의 위력으로 사람을 다스리는 것은 최악의 방법이다. 그 방법이 통한다고 생각한다면 착각이다. 50년이 지났는데도 이 글을 쓰고 있다는 건 4학년 어린 내 안에 아직도 한 사람의 폭력에 대한 분노가 있다는 것 아닐까.

아모레 푸로틴 샴푸

　딸들만 있는 집에 모처럼 아모레 아줌마가 신이 났다. 그 당시 아모레 아줌마는 회사 로고가 찍힌 가방 안에 화장품을 잔뜩 넣고 들고 다니면서 가가호호 방문판매를 하셨다. 열심히 제품 설명을 하시는 아줌마 옆에 앉아 화장품 가방 안을 기웃거리는 것도 상당한 재미가 있었다. 그날 아모레 아줌마는 샴푸라는 신제품을 설명 중이셨다. 초록색의 걸쭉한 액체가 들어 있는 긴 플라스틱 통 뚜껑을 열어 냄새도 맡게 했다. 솔잎 향 같은 냄새였다. 이것으로 감으면 아이들의 머리 결이 엄청나게 윤이 날 것이며 엄마가 딸들 머리 감기는 수고도 훨씬 줄어들 거라며 열심히 설명하셨다. 엄마는 구입을 했고 우리는 목욕탕에서 그 샴푸 쓰는 날을 기대하고 있었다. 비누로만 감던 뻑뻑한 머리 결은 샴푸를 만나면서 신세계를 경험한다. 50년 전 코끝을 강하게 자극했던 아모레 푸로틴 샴푸의 향내를 난 아직도 기억하고 있다.

　차도 없던 그곳에 물건을 팔려면 짐을 이고 지고 들고 산길을 돌아돌아 와야 하는데 그 분들의 삶도 참으로 힘들었을 거 같다. 화장품 아줌마뿐만 아니라 참기름, 엿, 미역 등 다양한 물건들이 아줌마들의 머리 위에서 짐 보따리 속에서 나왔다. 방문판매다 보니 어느 집에서는 때가 되면 있는 반찬에 수저 하나 얹어 밥도 같이 먹고, 잠시 세상살이 설움도 내려놓으며, 쉬며 팔며 위안도 얻으며 다니신 거 같다. 물건 구경하면서 그 분들의 인생극장 얘기도 슬쩍슬쩍 얻어 들었던 짭짤한 시간이었다.

의심없이 문 열어 주고, 거리낌 없이 온 집안을 공개한 그 시절이 그립다.

머리 잘린 날

워낙 산으로 냇가로 뛰어 다니기 좋아하던 어린 시절, 난 그날도 어둑해서야 들어왔다. 엄마는 나를 야단치지 않았다. 뭐지? 내 방으로 왔으나 뭔가 불안하다. 잠시 후 안방으로 건너 오라는 엄마의 목소리가 들렸다. 이제 야단 맞나 싶어 무릎 꿇은 나에게 엄마는 돌아 앉으라며 큰 보자기 하나 내 목에 감았다. 이건 또 뭐지? 예상치 못한 상황에 난 몹시 불안했다. 정적... 그리고 잠시 후 들려오는 가위질 소리 '쓰싹쓰싹' 나의 긴 갈래 머리가 '싹둑싹둑' 잘려 나가고 있었다.

세월이 지난 지금도 그날의 가위질 소리는 역력히 남아 있다. 사방은 왜 그리 고요하든지 오른 쪽 귀밑에서 시작한 가위질 소리가 뒤통수를 지나 왼쪽 귀밑으로 가고 있었다. 내 몸이 조금씩 흔들리며 배꼽 저 밑에서 무언가가 올라오기 시작했다. 처음에는 잔물결로 시작된 흔들림이 점점 큰 물결이 되어 목구멍 바로 밑에서 넘실대고 있었다. 난 그 물결이 목구멍을 넘어서면 안 될 거 같아 어금니와 입술로 앙팡지게 물고 있었다. 가위질 소리가 멈추고 내 방으로 와서야 잡고 있던 목구멍 파도를 놓아 주었다. '흑흑흑' '엉엉엉' '크엉크엉' '컹컹컹' 점점 더 커다란 소리로 울려 퍼졌다. 10살 소녀가 세상에 나와 처음으로 알게 된 '설움'이었다.

언젠가 인사동 갤러리에서 원성 스님의 '첫 삭발'이란 제목의 그림을 보다 자리를 뜨지 못했다. 그 옛날 내가 그 그림 속에 있었다.

다음날 통통 부은 눈두덩이와 대책 없이 쏟아지는 짧은 머리를 손으로 쓸어 올려가며 나타난 나를 친구들은 놀란 토끼 눈으로 살피느라 분주했다. 아무 일 없는 듯 행동했지만 분명 그날 나의 모습은 평상시와 많이 달랐을 것이다. 그 시간 속 나를 기억하는 친구가 있을까? 점심시간, 학교로 찾아온 엄마 모습에 화들짝 놀라 주저하는 나를 엄마는 복도로 불러내더니 쏟아져 내리는 내 머리에 핀을 찔러주고 찬바람 쌩~ 날리며 가버리셨다. 눈물이 찔끔 날 정도로 아팠지만 내 모습이 궁금해 얼른 교실 안 거울로 달려갔다. 핀을 꽂고 있는 단발머리 소녀가 있었다. 그리 나쁘지 않았다. 아마도 피식 웃지 않았나 싶다.

머리 잘린 나를 생각하니 젊은 날 내 엄마가 그려진다. 지금껏 머리 자른 엄마에 대한 원망이 내 맘 가득했는데 오늘 문득 내 머리 핀을 고르고 있는 엄마를 생각하니 용서가 되려 한다. 엄마도 그 나이 땐 미숙한 엄마였으리라. 내가 울 아이들에게 그랬듯이….

난 오늘 내 머리를 자른 젊은 내 엄마를 용서하고 안아드렸다. '엄니~엄니도 내 머리 잘라 놓고 속 상하셨지라~ 나도 우리 아이들 때려놓고 돌아서서 많이 울었스라~' 울 엄니가 이 글을 보시면 뭐라 하실까….

세이코 벽시계

눈 뜨자 마자 머리 위로 손을 휘휘 저어 보았다. 그러나 아무것도 잡히지 않았다.

난 아침밥을 먹자마자 시끌벅적한 선미네로 넘어갔다. 아나나 다를까 올해도 산타 할아버지는 선미네 집만 다녀갔다. 그것도 너무나 풍성한 종합선물세트를 놓고 갔다. 난 종합선물 속 과자들을 구경하면서 선미가 나눠 주는 과자를 먹었다. 선미가 너무 부러웠고 상대적으로 우리 부모님에 대한 섭섭함이 무한히 커져갔다. 결국 집으로 돌아와 동생들 몫까지 더하여 부모님께 강력하게 항의를 했다.

올해는 우리 자매들 머리 위에 큰 종합선물세트가 놓일 거라 은근 기대했는데 텅 빈 머리 위 허전함은 고스란히 우리 자매들 마음을 추위만큼 시리게 했다. 슬픈 아침 풍경이다.

놀랍게도 이 날을 기록한 나의 일기가 있다며 동생(은경)이 세이코 벽시계와 일기장 사진을 보내왔다.

이 일기는 우리 언니가 쓴 1971년 12월 25일 일기. 일어난 시간을 보면 새벽 5시 35분. 얼마나 선물이 궁금하면 그 시간에 눈을 뜬 건지…

나도 생생하게 기억한다. 그때의 슬픔이라뉘….

1971년 12월 25일

기다리는 크리스마스
그렇지만 우리들에게는
선물이 없었다.

아버지께서는 아침에 우리들을 불러 놓고
선물은 오늘 내려가서 사 오신다고 하시면서 돈을 200원씩 주시며
7,000원짜리 벽시계를 사 주신다고 약속했다.

나는 곧 눈물이 나올 것 같았으나 꾹 참고 속으로 울었다.

어렸을 적 일기를 50여 년 만에 만나니 반가웠다. 마지막 절 '속으로 울었다'가 압권이다. 그랬다!!! 얼마나 서운했으면 나이 60에도 그 감정을 또렷이 기억하고 글로 쓸까 싶다. 일어난 시간을 보니 기대 가득 실망 가득이 가늠된다.

결국 그날 오후, 우리는 벽시계를 크리스마스 선물로 받았다. 이건

아주 비싼 시계이고, 우리 가족 모두를 위해 필요한 물건이라고 부모님은 나를, 우리 신 자매를 설득하려 했지만 단 한마디도 귀에 들어오지 않았다. 넘 서글펐고 속상했던 기억만 가득하다.

지금도 친정 집에 가면 그 세이코 벽시계가 매달려 있다. 숫자판 밑에 있는 두 개의 구멍으로 태엽을 감아 돌리는 괘종시계인데 50여 년의 세월을 쉼없이 돌다 이젠 시계도 늙어서인지 스스로 멈춘 지 몇 해되었다.

시계를 볼 때마다 실망했던 그날이 생각나고 센스 없는 울 부모님의 고지식함이 그대로 전달된다. '에쿵~ 종합선물 한 상자면 되는데…' 그 비싼 선물을 했는데도 우리에겐 슬픈 기억 한 조각으로 남아 있다. 그리고 신 자매들은 더 이상 부모님께 크리스마스 선물을 기대하지 않았다.

그날 아버지가 시장에 내려 가셔서 사 오신 세이코
벽시계. 지금도 친정 집에 있다.

영숙아, 너네 집 개가 새끼를 낳았다고?

아침에 학교에 와보니 내 실내화가 없어졌다. 영숙이가 와서 누가 숨겼는지 알려주었다. 장소에 가보니 내 실내화가 거기에 있었다. 괘씸한 년. 난 바로 담임선생님께 그 친구의 나쁜 짓을 알렸다. 그러나 돌아온 건 꾸지람이었다. 이건 뭐지? 억울한 건 나인데….

눈이 예쁜 아이였다. 피부도 뽀얗고 자신도 자신이 예쁘다는 걸 잘 알고 있는 친구였다. 그런데 문제는 담임선생님이 그 친구를 너무 이상한 방법으로 이뻐한다는 것이다. 5학년 여자아이를 안고 뽀뽀하고 무릎에 앉히고. 종례 시간 인사 끝나기 무섭게 선생님은 그 친구를 번쩍 들어올려 매일 똑같은 행동을 했다. 수업 시간에도 있었다. 그 행동을 볼 때마다 불쾌했고 기분이 나빴다. 지금은 그 행동이 범죄에 해당되지만 그 옛날 우리는 몰랐다. 그 친구 또한 세월이 흐른 뒤 자신이 당한 일을 알게 되지 않았을까 싶다.

그날 아침 그 친구는 왜 내 실내화를 숨겼을까? 이유는 모르나 난 영숙이를 100% 믿기에 신발을 숨긴 그 친구를 마땅히 꾸중해야 한다고 확신했다. 그러나 돌아온 건 친구를 괴롭힌 아이가 되어 버렸다. 그것도 아이들 앞에서….

난 몹시 화가 났고 급기야 청소 시간에 영숙이와 마루바닥을 닦으면서 담임 흉을 보기 시작했다. 나쁜 새끼라고. 아마도 개○○라고 한 것 같다. 그동안 쌓인 감정까지 보태어 신나게 욕을 하고 있었을 것이다. 영숙이가 너무 조용했다. 난 그렇지 않냐며 영숙이 얼굴을 쳐다 보았다. 영숙이 얼굴이 하얗게 질려 있었다. 굳어진 얼굴은 내 머리 위에 고정 되어 있었다. 직감했다. 내 뒤에 선생님이 서 있다는 것을….

선생님은 울그락 불그락하여 몹시 흥분된 어조로 "너 지금 선생님한테 뭐라 했어!!!" 몸까지 부르르 떨며 소리소리 질렀다. '아~ 놔~ 들었구나… 망했다!!!' 그러나 의외로 난 차분했다. 그리고 말했다. "영숙이네 개가 새끼를 낳았대요" 순간 정적이 흘렀고 선생님은 나를 노려보며 다시 말해 보라 했다. 난 더 차분한 목소리로 또박또박 다시 전했다. "영숙이네 개가 새끼를 낳았대요."

난 그날 홀로 교실에 남겨져 벌을 받았다. 아무도 없는 교실 바닥에 무릎을 꿇고 선생님이 올 때까지 있어야 했다. 반성 같은 거 하지 않았다. 도리어 왠지 모를 통쾌감이 올라왔고 끼득끼득 웃음이 새어 나왔다. 밖은 어둑해지고 혼자 교실에 남겨져 있는데 하나도 무섭지 않았다. 한참이 지나서야 교실에서 나올 수 있었다. 인사를 하고 나왔는지 기억이 없다. 운동장에 나오니 하늘엔 별이 총총 떠 있었다. 캄캄한 운동장을 가로질러 서둘러 가는데 영숙이가 나를 불렀다. 내가 걱정되어 안 가고 그 시간까지 나를 기다리고 있었다는 것이다. 얼마나 반가웠는지. 계집애, 의리 있네. 눈물 나게 고마웠다. 늦었는데도 우리는 시소에 앉아 더 큰 소리로 "영숙이네 개가 새끼를 낳았다"며 깔깔대고 웃었다. 배가 아프도록 웃었던 거 같다.

영숙아~ 지금 어디에서 살고 있니? 너도 환갑의 나이겠구나. 이 사건을 기억하고 있는지. 기억하고 있다면 다시 배가 아프도록 웃고 싶구나. 의리 친구 영숙아~ 보고 싶다.

피겨 스케이트

어느 해 겨울, 상동 중고등학교 운동장에 스케이트장이 만들어졌다. 썰매만 타던 우리들에게 또 하나의 새로운 겨울철 놀이가 생긴 것이다. 아이들만이 아니라 어른들도 꽤 많이 스케이트를 타러 다녔다. 그 골짜기에 일종의 스케이트 붐이 일었다. 그리하여 나도 스케이트에 입문하게 된다.

울 엄마는 가끔 서울에 가서 예쁜 옷과 특이한 물건들을 사 갖고 오셨다. 스케이트도 그 중 하나였다. 물론 상동에서도 스케이트는 살 수 있었다. 그러나 울 엄마는 톱니가 달린 빨간색 피겨 스케이트를 사 갖고 오셨다. 모두 롱 스케이트를 타는데 나만 피겨 스케이트를 신었다. 코치도 없다. 어떻게 타는 지도 모른다. 거기에 스케이트는 2학년 어린 아이가 신기에는 너무 커서 그 스케이트가 발에 딱 맞은 건 중학교 2학년 때였다.

상상을 해봐라. 초등학교 2학년 아이가 신을 수 있는 사이즈가 아니다. 그런데 난 신었다. 양말 두 켤레를 신고 발목 앞뒤로 목화 솜을 두툼히 넣고 스케이트 끈으로 발목을 최대한 꽈악 조여서 신었다. 그래도 발목이 휘청휘청했다. 지금도 나의 모습을 상상하면 웃음이 절로 나온다. 롱 스케이트는 쭉쭉 뻗으면서 얼음을 지친다. 피겨는 빠른 걸음을 걷듯이 톱니로 얼음을 찍어가며 앞으로 밀어가며 탄다. 아무리 빨리 달려도 롱 스케이트의 스피드를 따라가는 건 역부족이다. 그래서 스피드 스케이트가 아닌가.

그런데 난 그걸 신고 시합에 나갔다. 물론 동네 시합이다. 그 해 처음 그런 대회를 연 거 같다. 속도를 내야 하는 시합에 피겨를 신고 말이다. 말도 안되는 상황이지만 난 나갔다. 울 엄마가 나가라 했는지 내가 나간다고 했는지 전혀 기억이 없다. 정말 열심히 뛰었다. 남들은 쓱쓱 밀고 나갈 때 난 종종걸음으로 부지런히 얼음을 찍다가 속도가 붙으면 조금 타다가 속도가 떨어지면 또 열심히 톱니로 밀고 나갔다. 운동장 한 바퀴를 도는 시합인데 서서히 지치기 시작했다. 5명의 아이들이 뛰었는데 난 네번째로 결승점을 향해 휘청휘청대며 가고 있었다. 그래도 3등 안에 들어야 상을 받을 텐데... 가망이 없다는 판단이 들 무렵, 정말 재밌는 상황이 벌어졌다. 내 앞에 가던 아이가 넘어진 것이다. 결승점이 얼마 남지 않았는데... 헉!!! 이게 무슨 일인가. 난 갑자기 희망이 보였고 힘이 나기 시작했다. 주변에 있던 어른들도 열심히 나를 응원해 주는 거 같았다. 아마도 많은 엄마들이 피겨를 신고 나온 나를 수군대며 보고 있었으리라. 처음부터 상대가 안 되는데 쟤는 왜 나온 거야? 그러다 벌어진 상황에 엄마들도 재밌었는지 아님 자기 발보다 엄청나게 큰 스케이트를 신고 휘청이며 운동장 한 바퀴를 돌고 있는 내가 안쓰러웠는지 박수를 치고 소리를 지르며 응원을 했다. 많은 사람들의 환호성 속에 난 결승점을 향해 온 힘을 짜내며 달렸다. 그리고 3등으로 시합을 끝냈다. 정말 어린 나에게 스스로 기특한 순간이었다.

피겨스케이트는 가운데 홈이 파여 있는데 그 홈이 다 닳아져 뭉툭해지도록 탔다. 롱스케이트는 타다가 날을 갈아 주는데 그 골짜기에는 피겨 스케이트 날을 갈아줄 사람도 없었지만 피겨 스케이트날을 갈아야 하는지도 몰랐다. TV에서 피겨 선수들이 타는 것을 열심히 보았다가 혼자서 뒤로 가기, 팔자 그리기, 점프하기, 발 들고 타기 등 나름 흉내를 내며 즐겁게 탔다. 내 멋대로 나만의 피겨 스케이트를 타고 논 것이다. 발에 꽈악 낄 때까지 타다 결국 중2 때 아듀~ 를 고했다.

스케이트야~ 날도 한번 갈지 않고 타기만 한 주인 만나 고생 많았다. 국민학교 2학년부터 중 2까지 7년 동안 겨울마다 나의 친구가 되어 준 스케이트야~ 수고 많았다. 글을 쓰다 보니 너가 몹시 그립구나.

겨울이면 상동중고등학교 운동장에 톱밥으로 둑을 쌓고 소방차가 물을 부어 스케이트장을 만들었다. 초등 2학년 부터 겨울방학마다 턱골에서 4km 나 되는 이곳까지 걸어와 스케이트를 타고 갔다. (중1)

발레

5학년 때, 그 산골에서 발레를 했다. 정확히 발레인 줄도 모르고 선생님이 하라고 해서 하게 되었다. 어느 날 이귀숙선생님은 군 대회를 나간다며 아이들을 모으셨다. 발레의 기본 스텝을 배우고 스토리에 맞춰 무용 동작을 만들어 나갔다.

문득 희미한 기억 하나 퍼뜩 지나간다. 유치원 때인가 서울 보문동에 있는 막내 이모 집앞에 있는 무용 학원을 구경 간 적이 있다. 학원은 2층으로 가파른 계단을 기어 올라가야 했다. 5개의 북을 이리치고 저리치고 돌려치고 두드리며 언니들이 춤을 추고 있었다. 난생 처음 본 광경에 넋 놓고 쳐다본 거 같다. 가르치던 선생님이 나를 보더니 한번 해보라 했고 난 망설임도 없이 언니들의 춤사위를 제법 따라 했다. 또 하나, 어릴 적 TV 속 리틀엔젤스 공연을 보면 나도 하고 싶다는 생각이 강하게 들었다. 왠지 내가 하면 더 잘 할 수 있을 거 같았다. 그래서인가 지금도 부채춤, 장구춤, 오고무 등 한국무용을 배우고 싶다. 신명나게 북을 두드리고 싶다. 퇴직 후 한번 도전해 보리라. 아직 하고 싶은 게 이리 많으니 가는 세월이 아쉽구나.

그때 난 독무를 했다. 낮에는 상자 안에 있다 밤이 되면 나와서 춤을 추는 인형을 표현했다. 무용복엔 철사로 링을 만들어 날개를 달았다. 매일 방과 후에 남아 어둑해질 때까지 군 대회 나갈 준비를 했다. 지금도 넓은 마루만 보면 그때의 기본 동작이 나올 만큼 몸에 배어 있다. 군 대회는 영월에 있는 문화회관에서 열렸다. 제법 큰 다리가 있었고 약간 언덕진 곳에 위치한 하얀 건물로 기억된다. 무대 화장을 하고 날개 달린 의상을 입고 내 차례를 기다리고 있는데 선생님이 급하게 무대 뒤로 올라 오셨다. 무용 끝나고 들어갈 때 인사를 해야겠다며 아주 짧은 시간에 오른쪽으로 한번, 왼쪽으로 한번 동작을 보이셨다. 몇 번 동작을 해 보았지만 익숙치 않은 채로 무대에 올랐다. 조명이 밝아 사람들이 잘 보이지 않았다. 음악이 나오자 난 평상 시 연습한 대로 나의 무용에 집중할 수 있었다. 그러나 무용이 끝나고 급하게 배운 인사를 하려니 망설임이 왔다. 아주 짧은 시간이었으나 길게 느껴졌다. 주변은 조용했고 마치 시간이 멈춘 듯한 그런 느낌이었다. 결국 한쪽이 꼬이는 인사를 하고 무대를 내려왔다. 난 지금도 그 순간이 생각나면 거울 앞에서 마지막 인사를 해 본다. 이렇게 했어야 했는데… 오랜 시간이 지나도 내 안에 많은 아쉬움이 있나 보다. 3등을 해서 선생님은 많이 아쉬워했지만 난 그때 잘하는 아이들을 보았기에 크게 아쉽지는 않았다. 3등이라 1등만 참가하는 도 대회 자격은 없었으나, 1등을 한 군무 팀에 합류하여 속초에서 열리는 도 대회에 참가했다.

태어나 처음 가 본 속초는 대회 참가보다 속초 바닷가와 설악산 신흥사가 더 짙게 남아 있다. 신흥사 대웅전 안에 아무 생각없이 따라 들어가 올려다 본 부처님 모습에 기겁을 하고 나왔다. 지금도 속초 바닷가를 지날 때나 설악산을 갈 때면 그 옛날 추억이 생각난다. 신흥사 대웅전 앞 흑백사진 속 수연아, 경애야, 미선아, 그리고 선생님 모두 건강히 잘 지내고 있나요? 보고 싶네요.

영월군대회때 발레하는 나.(5학년)

강원도대회를 끝내고 설악 신흥사 앞에서. 도 대회 나간다고 양장점에서 정장으로 맞추어 입음.(뒷줄 오른쪽 끝이 나) (5학년)

2부

난 지금 어디로 가고 있는가

결혼, 나이가 되면 학교 가듯이 결혼도 그렇게 하는 줄 알았다. 두 아이의 엄마로 정신없이 살다 한 권의 책을 만났다. '스물 셋의 사랑, 마흔 아홉의 성공' 조안 리의 자서전이다. 충격이었다. 자신의 색깔로 자신의 삶을 당당히 선택하고 살아가는 그녀와 내가 오버랩 되면서 많은 생각이 일었다. 그녀의 선택은 당시 한국 사회에선 충격적 이슈가 되었다. 스스로 주홍글씨를 가슴에 달고 산 시간이라 표현했을 정도이니.

26살의 나이 차이나 신부님과의 결혼 이런 것이 아니다. 어린 나이에도 자신의 선택에 당당했고 삶에 도전하는 모습이 충격으로 다가왔다. 나는 지금까지 나의 선택에 이렇게 치열하게 고민하고 부딪히며 하였는가? 물었다. 부끄러웠다.

그리고 나를 돌아보게 되었다. 난 지금 어디로 가고 있는가? 결혼하고 10년째 되는 해다. 10년 동안 지나온 시간을 보니 내가 잘 보이지 않았다. 난 어디로 갔지? 잃어 버린 나를 찾고 싶었다.

결혼 초부터 함께 산 시어르신들과 더 많은 세월을 살 거라 생각했는데 결혼 10년차에 난 분가를 결심했다. 나의 분가 선언에 가장 놀라신 분은 시할머님이셨다. 나랑 오랜 세월 함께 살거라 생각하고 계셨던 할머님은 나의 분가 결정에 많이 놀라셨고 서운한 감정이 분노로 급기야 짧은 가출까지 하셨다. 할머님이 표현할 수 있는 가장 강력한 의사 표현이었다. 그럼에도 난 분가를 했고 할머님은 한 동안 우리들의 빈 자리를 많이 힘들어 하셨다. 지금도 이 부분은 참으로 죄송하다.

많은 걸 희생하고 사랑으로 대해 주신 할머니. 할머니의 따뜻한 사랑 지금도 잘 기억하고 있습니다. 너무 감사하고 고맙습니다. 저녁 상 물리고 부엌 식탁에 앉아 두런두런 살아오신 얘기를 해 주시던 할머니 많이 보고 싶네요. 할머님이 정성스럽게 키워 준 증손자가 장가를 가서 예쁜 두 딸의 아빠가 되었어요. 살아 계셨다면 얼마나 좋아 하셨을까요.

다시 학교로

1997년 다시 학교에 복직했다. 생각지도 못한 기회라 망설임도 있었으나 또 이런 기회가 올까 싶어 긴 휴식기간을 접고 용감히 나왔다. 그러나 1년을 채우기 전, 난 다시 그만 두어야 겠다고 생각했다. 준비가 안 된 상태로 나온 내가 스스로 불편하고 힘들었다. 그러나 막상 그만 두려니 '그럴려고 나왔니?' 라며 내 안에 또 다른 내가 강하게 나무랐다.

그리고 25년째, 난 오늘도 학교로 출근하고 있다. 그 시간을 무사히 넘기고 이 시간까지 올 수 있어 다행이란 생각이 든다. 지나 온 세월 동안 난 많이 배웠고 많은 사람도 알게 되었다. 내가 안팎으로 많이 성장한 시간이었다. 이것에 감사한다.

오늘도 많은 일들이 일어나고 끊임없이 변화해야만 하는 현장이다. 아직은 계속 배우고 노력해야 하는 이 긴장감이 좋다. 감사하다.

콩나물 시루를 깨다

세상에서 가장 어려운 일은 자식 기르는 일이라 생각한다. 스물 여섯에 첫 아이를 스물 아홉에 둘째를 낳으며 두 아이의 엄마가 되었다. 그리 늦은 나이도 빠른 나이도 아니었다. 시어르신들과 같이 살다 보니 자연스레 아이들보다는 어르신께 맞춰진 생활이었다.

큰 아이 초등학교 1학년 때 담임선생님을 뵈러 갔다가 젊은 엄마가 한글도 가르치지 않고 학교를 보냈다고 한마디 듣고 왔다. 단독주택에서 어르신들과 살다 보니 젊은 엄마들과의 소통 기회도 없었지만 미리 가르쳐서 학교를 보낸다는 생각도 하지 못했다. 암튼 현실 속 나는 시대와 맞지 않은 그런 젊은 엄마였다. 그래서 작은 아이는 부랴부랴 학습지 선생님을 불러 한글을 시작하는데 낯선 사람을 집에 들이는 것을 어르신들이 안 좋아 하셔서 몇 번의 수업 만으로 끝내야 했다. 결국 사물마다 이름을 써 붙이는 것으로 작은아이 한글 공부를 대신했다. 아직도 우리 집 피아노 귀퉁이엔 그때 붙여 놓은 스티커 자욱이 끈적끈적 검게 남아 있다.

분가를 해서 큰 아이가 4학년 때 처음으로 학교 시험을 봐 온 날이다. 시험지에 어쩜 그리 비가 내리던지 동그라미가 드물었다. 화가 나서 큰 아이를 야단쳤다. 이리도 모르냐고. 갑자기 큰 아이가 손을 들더니 야단치는 나를 막았다. 그리고 많이 틀린 거 아는데 왜 야단을 맞아야 하는지는 모르겠다며 벌떡 일어나 자기 방으로 들어가 버리는 게 아닌가. 순간 어이가 없었으나 난 내 아이에게 논리적으로 내 야단의 타당성을 설명하지 못했다. 그렇게 큰 아이와 나 사이에 크고 작은 갈등이 생기기 시작했다. 공부보다는 노는 것이 더 즐거운 아이였다.

그러다 중학교 2학년이 되면서 내려가는 성적에 내가 위기감을 느꼈다. 그리고 처음으로 동네 학원 순례를 나섰다. 다른 곳보다 좀 비싼 학원이었다. 그 날 배운 걸 그 날 모두 알 때까지 책임지고 가르쳐 주며 늦은 시간이 돼도 집까지 데려다 준다는 것이다. 신뢰감이 팍 들었고 난 그 자리에서 한 달 치 학원비를 바로 내고 나왔다. 함께 따라 온 아이의 표정을 보니 너무 슬퍼 보였다. 그러나 난 모질게 맘 먹고 외면했다. 일주일이 되었을까 작은 아이가 "엄마, 형아 학원 안 가면 안 돼요?" 아니, 네가 왜 그런 말을? 형아가 학원만 갔다 오면 운다고 전했다. 얼마나 힘들어 보였으면 형아 대변인을 자처하며 저리 진지하게 나에게 말하겠는가. 난 웃음이 나오면서도 이 때다 싶어 너도 형아처럼 공부 안 하면 엄마가 그리할 거라고 미리 엄포를 놨다. 그리고 오후에 학원 가는 큰 아이의 뒷모습을 보게 되었다. 그런 십자가도 없다. 한 걸음 한 걸음이 너무도 무겁고 힘들어 보였다. 이건 우리 아이의 모습이 아닌데

… 그 다음 날 난 학원을 그만 두게 하였다. 비싼 학원비가 조금 걸렸으나 환불을 요구하지 않았다. 우리 큰 아이는 금새 얼굴 빛이 바뀌며 나에게 너무도 고마워 했다. 큰 아들~ 그 날을 기억하니?

그 이후 난 아이가 스스로 학원을 선택하여 보내 달라고 할 때 보내주었다. 난 그때 바로 학원을 그만 두고 아이와의 전쟁을 피한 것이 세상에서 가장 잘 한 일이라 생각하고 있다. 내 아이의 밝은 모습이 성적보다 중요했고 아이가 살아나는 모습을 보는 것이 훨씬 마음 편했다. 학교 다니는 동안 성적표는 거의 보지 않았다. 고3, 5월에 큰 아이는 학교 응원단에 들어가겠다고 두 주먹 굳게 쥐고 안방에서 새벽 1시까지 버티며 허락을 받은 놈이다. 좀 기가 막혔지만 저리 결심한 아이를 어찌 말리겠는가. 그래 좋을 대로 하세요. 아드님~

가끔 큰 아이에게 미안할 때가 있다. 처음 하는 엄마 노릇에 아이보다 내 감정으로 아이를 대한 적이 많았다. 신문광고를 보았다. 무엇을 전하는지 기억은 확실치 않으나 콩나물 시루에 콩나물 자라는 사진이었다. 그 사진을 보다 나보다 더 낫고 더 비상할 수 있는 아이를 내가 엄마라는 이유로 나의 틀 속에 가두어 키우고 있지는 않은지… 그런 생각이 퍼뜩 지나갔다. 콩나물 시루를 깨기로 했다. 그 아이 안에 있는 씨앗이 자기의 방향으로 잘 클 수 있게 그리고 자기의 틀은 자기 스스로 만들 수 있게 난 옆에서 지원하는 엄마가 되기로 했다. 그 이후 난 아이와의 관계가 좋아졌고 작은 아이는 덤으로 길러졌다. 작은 아이에게 "너 형한테 잘 해야 해. 형이 네 몫까지 대신 맞으며 자랐으니까." 괜스레 미안한 마음에 한마디 한다. 그러면 작은 아이는 "엄마, 엄마만 잘 하시면 될 거 같은데요." 내 맘을 콕 찍어 말해 준다. 작은 아이는 형을 잘 따르고 좋아한다. 두 아들을 볼 때마다 고맙다.

너 그날 정말 멋졌어!!

우리 작은 녀석 이야기이다.

4살 때, 여름 휴가 가는 길에 강원도 상동 칠랑리 개울가에 발을 담 갔다. 갑자기 벌 한 마리가 윙윙 소리를 내며 우리 주위를 맴도는 게 아 닌가. 순간 아이와 난 긴장이 되었으나 벌은 움직이지 않으면 그냥 간 다는 것을 알기에 작은 아이한테 가만히 있으면 괜찮다고 했다. 그런데 벌은 계속 우리 주위를 돌더니 급기야 작은 아이 바지 속으로 들어갔 다. 여름이라 짧은 반바지를 입었는데 그 바지통으로 벌이 들어 간 것 이다. 모든 사람이 얼음이 되었다. 난 작은 아이의 눈을 보며 "괜찮아, 움직이지만 않으면 조금 있다 나갈 거야"를 계속 말해 주었다. 조금이 라도 움직이면 벌은 필시 공격 할 것이다. 어렸을 적 턱골 문형오빠네 서 꿀을 딸 때면 벌들이 어찌나 머리 위를 돌던지 꿀 얻어먹은 댓가로 여러 번 벌에 쏘여 봐서 안다. 벌들은 벌침을 살 속에 꽂고 자기도 죽으 면서 달려든다. 작은 아이는 정말 미동도 없이 가만히 서 있었고 우리 모두는 숨을 죽였다. 아이 바지 속 벌 날갯짓 소리만 윙윙 들렸다. 아이 한테는 엄청난 공포였으리라. 아이는 잘 참아 주었고 벌은 한참 후에야 바지 속을 나와 날아갔다. 난 내 아이를 떠나 이 작은 아이의 침착함에 너무 놀랐다. 지금도 그 순간의 우리 아이가 그려진다.

6살 때, 동네에서 개인이 하는 미술선생님을 찾아 가는 길이었다. 문방구에 들러 크레파스와 스케치북을 산 뒤 오늘 무엇을 하러 가는지 설명을 했다. 아이는 대뜸 하고 싶지 않다고 했다. 예상치 못한 반응에 놀랐으나 가보면 달라질 거라 설득하며 그 집 앞에 다다랐다. 갑자기 아이가 들고 있던 크레파스와 스케치북을 땅바닥에 내려 놓더니 땅에 바짝 엎드리는 게 아닌가. 갑작스런 상황에 얼른 일어나라고 했으나 아이는 대자(大字)로 누운 채 꼼짝하지 않았다. 결국 억지로라도 들어 올려야겠다고 드는데 여간 힘을 쓰고 있는 게 아니었다. 요것 봐라, 난 좀 더 힘을 주었으나 쉽지 않았다. 다시 더 많은 힘을 주어 들으니 들리기는 하나 아이 또한 온 몸에 힘을 주고 있어 뻗은 대자 모양 그대로 올라왔다. 세상에~ 난 그만 웃음이 터져 나왔다. 대자로 들린 아이에게 난 졌다. "그래, 하지 말자. 집으로 가자." 그때서야 아이는 몸에 들어 간 힘을 풀었다. 땅에 내려지자 아이는 옷에 묻은 흙을 툭툭 털고 크레파스와 스케치북을 챙겨 들고 앞장서며 집으로 왔다. 아이가 5학년 때 학교에서 그려 온 만화를 보게 되었다. 대두(大頭)맨. 제법 잘 그렸다. 그리고 그때 미술학원을 보냈다면 이런 자유로운 표현이 나왔을까 생각했다.

고2, 시험 기간이었다. 그 날은 이상한 아침이었다. 수면제를 뿌린 듯 모든 식구가 잠에 빠져 있었다. 순간 너무 조용한 게 이상해 눈을 떴다. 시계를 보니 8시 10분. 앗!! 작은 아이 시험인데. 이미 시험이 시작된 시간이었다. 순간 비명에 가까운 소리가 절로 나왔다. 내 소리에 아이도 본능적으로 상황 파악이 되었는지 바로 교복을 입고 현관문 쪽으로 나갔다. 남편도 다급히 학교까지 데려다 준다며 뒤따라 나갔다. 이 모든 것이 꿈이길 바랐으나 현실이었다. 교문에 도착해서도 운동장을 질러 3층 교실까지 계단을 올라가야 하는데... 아이는 시험 종료 20분을 남기고 교실에 들어갔다. 그것도 수학 시험이었다.

출근은 했지만 눈물이 멈추지 않았다. 엄마로서 한심한 내 자신이 용서되지 않았다. 아침부터 말도 않고 훌쩍이는 나를 동료 교사가 서둘러 보건실로 내려 보냈다. 결국 그날 우리학교 시험 감독도 못하고 보건실에서 한참 동안 나를 달래야 했다. 시험은 어떻게 봤을까, 걱정되고 궁금했다. 저녁에 만난 아이는 너무도 침착했다. 주관식 문제 먼저 풀고, 객관식 풀고 있는데 종이 울려 나머지는 찍었다고 했다. 그래 수학 시험을 20분에 본다는 것은 역부족이지. 그 시간에 그렇게라도 한 게 어딘가. 하루 종일 네 걱정에 학교 일도 제대로 못하고 엄마로서 너무 한심한 하루였다 하니 "제 잘못이죠. 제 시험인데 제가 챙기지 못했는데요. 그런 생각 하지 마세요."라며 나를 위로해 주는 게 아닌 가. 예상치 못한 아이의 말에 난 할 말을 잃었다. 아들아. 고맙데이. 너 그날, 정말 멋졌어 !!!!

5/168 시간들

뒹구는 낙엽에 울컥했던 40대, 난 나만의 공간과 시간을 갈구했던 거 같다.

늘 가던 동네 사우나 야외 히노끼탕. 처음엔 별 관심이 없어 이용하지도 않았는데 한번 나가보니 소나무 냄새가 코 끝으로 솔솔 들어오고 찬 공기에 따뜻한 물 속 느낌이 꽤 괜찮았다. 탕 속에서 직접 하늘을 볼 수 있어 아무 생각없이 흐르는 구름을 쫓다 보면 무념무상의 기분 좋은 나른함이 찾아 온다. 사람이 없는 날이나 눈이 오는 날이면 괜스레 기분이 더 좋아졌다. 목욕 값으로 어디서 이런 호사를 누리겠는가. 눈을 감으면 일본의 어느 노천 온천도 되고, 오래 전 가본 수안보 노천 온천이 되기도 했다. 맘껏 내 맘대로 상상의 날개를 펴며 아무도 나를 찾지 않는 공간이 너무 좋았다. 엄청난 발견이었다. 너무 힘든 날은 그 곳에 가서 온 정신 빼 놓고 있다 온다. 그리 개운할 수가 없다. 물속에서 꾸벅꾸벅 졸기도 했다. 일주일에 최대 3시간. 난 그렇게 나에게 보너스를 주며 나의 힘든 시간을 이겨냈다. 지금은 그 곳이 문을 닫아 많이 아쉽다.

그리고 문득 그리워진 고등학교 음악 시간, 정확히 그때 배운 노래들을 다시 부르고 싶은 강한 욕구가 일었다.

성악을 전공한 남자 선생님이셨다. 엄청 무서웠고 음악실에 들어갈 땐 발뒤꿈치를 들고 조용조용 걸어야 했다. 수업 중에도 약간의 소란함이 느껴지면 선생님은 피아노 치는 걸 멈추셨다. 찬물 끼얹은 듯 교실은 조용해지고 우리는 숨소리도 죽여야 했다. 당신이 인정 한 고요함이 감지되면 다시 수업을 진행하셨다. 한치의 허튼 짓도 용납되지 않는 그런 분위기였다. 그런데 난 왜 이런 음악 시간을 좋아한 걸까? 엄청난 집중력과 카리스마 넘치는 긴장감이 멋지게 보였던 거 같다. 그때 이태리 가곡, 독일 가곡, 한국 가곡을 참 많이 배웠다. 발성과 함께 모든 노래는 원어로 불러야 했다. 시험은 독창으로 이루어졌으며 불어반이었던 우리는 독일 가곡과 이태리 가곡의 발음을 책에 적어가며 외워야 했다.

'슈베르트의 세레나데'가 시험 곡이었다. 난 열심히 불렀고 그 무서웠던 선생님은 내 노래가 끝나자 고개를 드시더니 이름을 확인하고 다시 불러 보라 했다. 당황했지만 난 다시 노래를 불렀고 아주 높은 점수를 받았다. 그때부터 난 내가 성악에 소질이 있나 하는 생각을 하게 되었고 학교에서 배운 노래는 집에 와 거울 보면서 엄청 불러댔다. 은경이가 기억할 정도로.

잊고 있던 노래들을 다시 부르고 싶어 찾게 된 곳이 백화점 문화센터 가곡 교실이었다. 어떤 사람들이 가곡 교실에 올까 설레는 마음에 문을 열고 들어간 2000년 겨울, 첫 수업시간은 오랫 만에 느껴보는 신선함이었다. 그렇게 일주일에 한 번 난 그 곳에서 한국 가곡, 이태리 가곡, 독일 가곡을 15년 동안 불렀다. 처음 들어갔을 때 55세의 예쁜 우리 선생님은 70이 되시면서 문화센터 강사직을 내려 놓으셨다. 나 또한 그리 오래 다녔는지 몰랐다. 그 세월을 느끼지 못할 정도로 일상의 하루가 되어버린 것이다. 그 시간을 투자했다면 성악가 조수미씨 옆에는 서 있어야 되지 않냐는 농담도 하지만 노래 가사를 따라가다 보면 영혼이 맑아지는 느낌만으로도 충분히 좋았다.

그리고, 함께 한 동료 교사 이윤희 선생님이 계셔서 긴 시간 즐겁게 할 수 있었다. 나보다 9살 위인 선생님은 절대 음감을 갖고 계셔 정확하게 음을 잡고 노래하시는 분이다. 선생님도 고등학교 시절 수준 높은 음악 시간에 대한 향수가 있었다. 모든 노래는 고등학교 때 배웠다며 웬만한 노래는 거의 알고 있어 깜짝 놀랐다. 노래 부르기를 좋아하셨고, 잘 하셨다. 노래 부르실 땐 꼭 여고생 같았다. 제주 올레길을 걷다 길 위에서 선생님과 함께 한 노래 시간. 내가 멜로디를 하면 선생님은 즉석에서 화음을 넣어 같은 노래라도 한 단계 높은 근사한 노래로 만드셨다.

1년에 한 번 있는 발표회를 준비하면서 흰 블라우스에 까만 치마로 시작된 우리의 무대 의상은 어느 새 드레스로 바뀌었고 무대 위 긴장감에 덜덜 떨면서도 매해 아이들처럼 들떠 준비를 했다. 바쁜 생활 속에서도 노래 부르고, 공연준비하고, 무대의상을 고르던 그 시간들이 그립다. 잘 부르지 못하는 나에게 귀한 시간 내 주신 동료 선생님들 그리고 가족들 모두 감사하다. 지나고 나니 행복한 시간이었고 아름다운 시간이었다. 다시는 돌아갈 수 없는 시간들이다. 그러나 무대 위 떨림 있는 예쁜 추억 하나 길게 남아 있다.

　성악 선생님의 은퇴와 함께 나의 가곡 교실도 끝이 났다. 하지만 노래 부르는 것을 좋아해 다시 시작할 거 같다. 가곡교실이든 가요교실이든 아님 합창단이라도...

　힘든 시기에 나만의 공간이 되어준 나의 히노끼탕 그리고 가곡 교실 고맙다. 그리고 온전히 나만의 시간이 되어준 일주일 5/168시간, 그 시간들에 감사한다.

또 한 송이의 나의 모란

모란 꽃 피는 유월이 오면

또 한 송이의 꽃 나의 모란

유월은 아름다워 밉도록 아름다워

해마다 해마다 유월을 안고 피는 꽃

또 한 송이의 또 한 송이의 나의 모란

'또 한 송이의 나의 모란' 이란 한국 가곡이다. 해마다 6월이면 가곡 교실에서 부르던 노래다. 선생님과 난 이 노래를 좋아했다. 이 노래를 부르면 선생님은 어릴 적 전주 집 뒤뜰의 목단이 생각난다고 했다. 교정에 목단이 피면 선생님은 꼭 당신 전주 집 목단 얘기를 하셨다. 해마다 들으면서도 해마다 새로웠다. 그래서 목단 꽃은 나에게 이윤희 선생님이 되었다.

2021년 1월 25일.

학교로 걸려온 낯선 전화에 왠지 불길한 예감이 들었다. 그리고 설마 했던 상황이 전달되었다.

'신 선생님. 오늘… 오전 6시20분… 치료 받다가…' 사부님은 더 이상 말을 잇지 못 하셨다.

아~ 선생님. 선생님...그리 가시면 안 되지요. 그렇게 가시면 아니 되지요.

2020년 12월24일, 아직 학기말 상황이라 정신 없는 와중에 선생님이 전화를 하셨다. 거의 톡으로 소식을 전하는데 전화가 와 반갑기도 하고 놀라기도 했다. 체온이 갑자기 올라 응급실에 왔다고, 복수가 차 온 몸에 구멍이 많이 뚫려 있다고, 그런데 이제 염증이 좀 잡혀 전화를 하신다고…

"언제 나가서 신샘과 차 한잔 할까?" 난 당연히 하실 수 있는 일이라며 방학하면 곧 뵈러 가겠다고 했는데 그 말씀이 선생님과 나눈 마지막 대화가 되었다. "언제 나가서 신샘과 차 한 잔 할까?" 지금도 귓가에 남아있는 이 말이 선생님이 나에게 하신 마지막 말이 되었다.

선생님.
그때 전화 끊자 마자 병원으로 달려가 뵀어야 했는데… 너무나 후회스럽습니다. 그리하지 못함이 너무 너무 맘에 걸립니다. 지나고 나니 그때 선생님은 뭔가를 직감하시고 마지막 온 힘을 내어 저에게 전화를 하신 건데 그것을 제가 감지하지 못했습니다.

처음으로 발표회 무대의상을 맞추러 선생님과 같이 명일동 길가 동네 양장점을 갔을 때 선생님이 제일 좋아하는 색이라며 예쁘게 익은 홍시색으로 블라우스를 맞추셨지요. 제주 올레길 너무도 잘 걸으셔서 도대체 이 체력은 어디서 나오냐 했더니 어머니가 큰 오빠 끓여주고 남은 삼 잔뿌리 주신 힘이라고 알려주셨지요. 8남매의 막내로 엄마와의 특별한 교감을 전해 주셨지요. 시험 때마다 산을 같이 갔고, 15년 간 가곡교실도 함께 했었지요. 다만 하나, 제주 올레길 마지막 해 유독 힘들어했던 둑방 길 위 선생님의 모습이 길게 남아 있습니다. 그 올레길 다녀오시고 등쪽으로 엄청난 통증이 온다며 한동안 치료를 받으러 다니셨는데….

언니처럼 친구처럼 정말 신나게 다녔던 시간들이었습니다. 으레 놀러가면 선생님하고 저는 짝꿍처럼 반 배정을 해 주었지요. 거실바닥에 이불 깔고 누워 잠 들때 까지 조잘조잘 얘기도 많이 했는데. 아홉 살이란 나이 차가 느껴지지 않을 만큼 붙어 다녔는데. 퇴직하면 노래 부르면서 같이 다니자 했는데….

2016년 선생님의 정년 퇴임을 몇 달 앞두고 접한 암 소식에 저희는 모두 오진이라 생각했지요. 나이가 무색할 정도로 책임감이 철저하신 분이었는데, 끝나는 날까지 학생들이 너무나 아쉬워한 멋진 선생님이었는데, 영미가 선생님께 화학을 배우고 대학 가서 실망했다고 전할 만큼 학생들에게 최고의 화학 수업을 하신 분이셨는데….

모두가 오진으로 믿고 싶었던 일이 사실이 되면서 선생님은 의연히 받아들이고 치료에 최선을 다하셨지요. 치료가 끝나면 결과를 우리에게 꼭 보고하셨고 정말 잘 하고 계셔서 곧 이겨 내리라 굳게 믿었습니다. 옛날 같지 않아 암도 치료만 잘 하면 나을 수 있는 현대 의학기술을 믿었지요. 그러나 계속 들리는 전이소식은 조금씩 두렵기도 했습니다. 선생님. 다시 전이가 되어 검사 날을 받아 놓은 상태에서 저의 큰 아이 결혼식에 오셨다는 걸 늦게 전해 들었습니다. 얼마나 놀랐는지요. 마음이 많이 힘들었을텐데 축하 해 주러 오신 선생님, 그 맘을 제가 어찌 갚을 수 있을까요.

유니 샘~~~
너무 일찍 가시네요. 이리 일찍 가시는 거 반칙 아닌가요?

아직 마주 앉아 조잘조잘 할 얘기도 많은데, 같이 노래하며 함께 다니자 했는데 이리 황망히 가시면 어찌 하라구요. 그러니까 가시면 아니 되는 거지요. 참말로…

선생님 정말 어떤 말을 해야 하나요. 이제는 더 이상 만날 수 없는 곳으로 멀리멀리 가시네요. 아직 걸리는 것이 많으실텐데... 이제 모든 거 다 내려놓고 가셔야 되네요. 항상 아이들에 대한 걱정 많이 하셨는데... 가시는 길 부디 편안하시길...

선생님과 함께 한 시간들 즐겁고 행복했습니다. 그리고 함께 할 수 있어 감사했습니다.

삼가 고인의 명복을 빕니다

2021. 01. 25. 모란 이윤희 선생님을 보내며

선생님,

성악 선생님께는 차마 전하지 못했습니다.

선생님을 득량도에 모시고 돌아오는 버스 안에서 문득 성악 선생님이 생각났습니다. 며칠 후, 말씀 드리는 것이 나을 거 같아 전화를 했지요. 여전히 곱고 예쁜 목소리로 이런 저런 얘기 끝에 선생님 안부를 물으셨습니다. 순간 엄청난 망설임이 오갔으나 결국 말씀을 못 드렸습니다. 건강이 좀 더 안 좋아지셨다고만... 벚꽃 필 때 한번 찾아 뵙겠다며 서둘러 전화를 끊었습니다.

벚꽃이 만개하여 눈처럼 날릴 때 성악 선생님 댁을 늘 같이 방문했는데,

눈처럼 떨어지는 벚꽃을 보며 차 마시며 노래 불렀던 그 시절을 같이 추억했는데,

올 벚꽃 필 때도, 내년 벚꽃 필 때도 혼자는 못 갈 거 같습니다. 이 소식을 어찌 전해야 할까요. 아직 답을 찾지 못하고 있습니다.

내 생애 최고의 연수

　2010년, 담임 배정에 내가 없었다. 교사는 담임을 해야한다고 늘 생각하고 있던 나는 당혹스러웠다. 교장실로 들어가 담임을 하고 싶다고 했으나 교장선생님은 특별한 이유없이 올 한 해는 쉬라고 했다. 진짜 이유는 아직도 알 수 없으나 처음으로 담임안식년을 맞게 되었다.

　처음엔 조회 시간에 교무실에 앉아 있는 내 모습에 적응이 안돼 잠시 우울하기도 했으나 시간이 지나면서 익숙해졌다. 그리고 '학교 밖 세상'에 눈을 돌리게 된다. 두 아이도 모두 대학에 들어가고 비담임 상태라 안팎으로 다소 여유가 생겼다. 교무실 중앙 탁자 밑에 깔려 있는 수많은 연수 프로그램을 훑다가 '5차원 전면 교육'이란 단어가 눈에 들어왔다. 3차원 때로 4차원 까지는 어찌 알겠는데 '5차원' 이게 뭐지? 궁금해졌다.

　연수 첫 날, 뒷줄에서 보기엔 영락없는 흰 머리 할아버지 강사였다. 첫 시간부터 졸겠구나.
　"난 선생이 무서워. 여기 계시는 분 모두 선생이잖아. 그리고 엄마 선생님 많으시네. 엄마들도 무서워." 교사가 무섭다고? 왜? 난생 처음 들어보는 소리에 그 다음 말이 궁금해졌다.

"대한민국에서 교사 되려면 공부 잘 해야 되잖아. 잘 나야 교사 할 수 있잖아. 그 잘남과 교만함으로 얼마나 학생을 죽였을까?" 으응?!?! 이 무슨 해괴망측한 소리인고?!?! 계속 이어지는 강의에 결코 졸 수가 없었다. 큰 망치로 뒤통수를 한 대 맞은 기분. 정신이 번쩍 났다. 오전 강의의 강한 여운은 점심 시간 후 날 맨 앞자리로 이끌었다. 그리고 연수가 끝나는 날까지 앞자리를 고수하며 토씨 하나 빠뜨리지 않고 기록했다.

인간의 고른 성장을 위한 '5가지 요소'를 갖출 수 있도록 가르치는 것이 교육의 '본질'이다.

-지(知), 심(心), 체(體), 자기관리, 인간관계- 이것이 5차원 전면 교육의 핵심요소이다.

5차원은 5가지 요소를 모두 갖춘 완성된 인간의 모습이며 삶의 형태이다. 교사는 학생들이 5차원의 삶을 살 수 있도록 도와 주는 역할을 해야 한다. 다섯 가지 요소를 골고루 갖추는 과정이 내면화 될 때 세상을 살아가는 '힘'이 된다. 교육은 그 힘을 갖게 해 주는 것이다. 교육의 본질을 생각하는 연수였다. 마지막 연수를 마치며 강사님이 강조한 말이 오래도록 남았다. 자식들한테 학생들 한테 시키려 들지 말고, 자신이 먼저 하라.

많은 생각이 일었다. 지금 학교 현장에서 가장 중요하게 다뤄지고 있는 것은 무엇인가? 나는 내 아이에게 그리고 나의 학생들에게 무엇을 강조한 부모였고, 교사였는가? 살면서 무엇이 중요한지 어떻게 살아가는 것이 올바른 것인지 정립되어 있는가? 또한 그렇게 살아가고 있는가? 많은 질문들이 나에게 쏟아졌다. 한마디로 아무 생각없이 정립되지 않은 채 방향도 없이 살고 있는 나를 보았다. 내 자신을 고통스럽게 돌아보게 한 연수였다.

그리고 그동안 나를 스쳐간 수 많은 학생들 중 내 말 한 마디에 내 작은 행동에 상처 받고 실망했을 누군가가 있다면 진심으로 용서를 구하고 싶었다. 단 한 번도 생각해 보지 못했던 일이다.

5차원적인 삶. 쉽지 않다. 힘들다. 어쩜 불가능할 수도 있다. 그러나 삶과 교육의 '본질'이 무엇이고, 인생이 나아갈 방향이 무엇이며, 제대로 인생을 사는 방법이 무엇인지를 알게 되었다. 나이 50에….

연수 끝나는 날, 편지를 썼다. 할아버지 강사님께 깊은 성찰과 깨달음의 시간을 주셔서 감사하다고. 인생의 고수를 만난 기분이었다. 그분은 원동연 박사님이다. 연수가 끝나고도 2년여 시간 동안 그분 강의를 쫓아다니며 들었다. 지금도 배우는 것을 즐긴다. 세상엔 배울 게 너무 많고 난 모르는 게 너무 많다. 강의를 들을 때마다 5차원이 많이 생각난다. 지금껏 접한 많은 강의 중 난 아직도 5차원의 강의를 맨 윗자리에 올려 놓고 있다.

2010년 여름, 난 '내 생애 최고의 연수'를 들었고, 내 인생의 중요한 터닝포인트가 되었다.

이후 나의 교사 생활에 많은 변화가 온다. 자율적이고 스스로 무언가를 찾을 수 있는 마음과 생각을 건드려 주는 프로그램에 집중하게 된다. 처음 만든 자기주도학습반에 23명의 학생이 신청하였다. 그 안에서 보석같은 한 학생을 만나게 되고 그 학생의 놀라운 변화를 보면서 교사가 학생들에게 무엇을 해 주어야 하는 지를 알게 되었다. 교사로서 행운이었고 좋은 경험이었다. 아직도 그 경험의 여파는 나를 계속 학교에서 무언가를 하도록 이끌고 있다.

해를 맞을 때마다 누군가의 변화 되는 모습을 갈망하며 프로그램을 진행하고 있다. 단 한 명의 아이라도 그 아이의 삶은 소중하니 최선을 다하고 싶다. 오늘도 '본질'에 충실하려 한다.

* 매일 조금씩 천천히 하라.

* 올바른 세계관과 역사관을 가져라.

* 눈에 보이지 않는 것을 볼 줄 알아야 한다.

* 스스로 세상을 살아 낼 '힘'을 기르는 것이 교육이다.

* 하라고 하기 전에 자신부터 하라. 그리고 내면화 시켜라.

* 단 한 명의 지지자만 있어도 그 아이는 살 수 있다. 아이를 살리는
  사람이 되라.

* 매일 매주 자신의 건강을 위해 노력하라. 건강하지 않으면 어떤
  일도 할 수 없다.

* 시, 노래, 악기 등 예체능을 삶 속에 넣어라. 마음의 밭을 일구는
  일이며 삶을 풍요롭게 한다.

10여 년 전에 들었던 강의이나 아직도 내 삶 속에 많은 영향을 주고
있다. 아마도 내가 죽을 때까지 5차원의 가르침은 나와 함께 할 것이
다. 그러나 너무 어렵다. 그러나 그게 맞다.

'냉면'을 심사하러 간 날

"선희야~ 나 경미야." 30년 만에 걸려 온 고등학교 친구의 목소리를 나는 기억해 냈다.

반가운 마음에 그 다음날 당장 만났다. 30년 동안 밀린 이야기를 하루에 쏟으려니 불가능 했다. 어둑해서야 헤어지면서 친구는 아차!! 하며 '냉면'을 내밀었다. 냉면은 여름방학 플래너 이름이다. 그리고 다음 주 중동고에서 '냉면'심사가 있으니 그 곳에서 만나자 했다.

징검다리, 눈사람, 냉면, 콩나물, 긍정 카드… 교육도구들의 이름들이 신선하고 예뻤다. 더욱이 도구들은 현직 교사들이 아이디어를 내어 만든 도구들로 직접 현장에서 사용하고 피드백을 받으며 계속 연구하는 모임이라는 것이다. 친구 따라 얼결에 '냉면'심사 팀에 끼어 그들의 활동을 보았다. 방학 동안 아무런 보수없이 스스로 시간을 내어 학생들의 플래너를 보며 응원하고 있는 그들의 모습이 아름다웠다. 다른 세계 교사들처럼 보였다. 그날로 나는 경미와 함께 '행복한 교육 실천 모임(행복교실)'에 두 손, 두 발을 풍덩 담그게 된다.

여기서의 핵심도 '본질'에 있다. 교육은 성장과 변화에 있으며 이를 위해선 교사가 먼저 행복해야 한다는 것이다. 학생의 행복이 아닌 교사의 행복에 초점이 맞춰져 있는 것이 처음엔 의아했다. 그러나 이제는 이해한다. 교사가 행복해야 아이들도 행복하다.

'행복한 교사란 어떤 교사일까?'

나로 인해 누군가가 행복하다면 나도 행복하다. 나의 작은 노력이 학생들에게 도움이 되고 행복함을 준다면 교사는 그 일을 계속하고 싶어진다. 힘들어도 그것이 행복으로 다가온다. 9년째 진행하고 있는 프로그램이 있다. 처음엔 1회성으로 시작했는데 학생들의 반응이 좋아 나도 덩달아 좋아 계속 하다 보니 여기까지 왔다. 세상 쉬운 게 하나 없다고 이것 또한 쉽지는 않다. 그러나 매해 프로그램 진행 후 받게 되는 학생들의 피드백이 다시 진행 할 용기와 힘을 주고 있다. 왜 공부해야 하는지 왜 학교에 나와 앉아있는지 이런 기본적인 질문에 대한 답을 찾는 시간이다. 난 어디로 가야하는지. 어떻게 나의 미래를 준비해야 하는지 이 시간들을 지나 온 사람들의 이야기를 통해 자신을 돌아보고 나갈 방향을 찾는 프로그램이다. 그들의 이야기를 들으며 나도 많이 배운다. 그리고 놀란다. 젊은 나이에 어쩌면 저리 야무지게 잘 살고 있을까? 난 저 나이에 생각도 못했는데….

다양한 경험과 직업 군의 멘토들이 온다. 때로는 섭외에 망설이는 멘토들이 있다. 아직 그런 자리에 설 만큼 아니라고. 그러면 우리 모두의 삶은 진행형이니 엄청난 결과가 아니더라도 살아오면서 경험한 만큼, 알게 된 만큼만 인생 후배들에게 들려주라 한다. 거창하지 않은 말 속에서 평범한 일상의 이야기 속에서 우리는 더 용기를 가질 수 있다. 늘 멘토, 멘티 모두에게 의미 있는 시간이 되길 바라며 준비하고 있다.

'학생들의 성장을 돕고 그들과 함께 성장 하고픈 교사입니다' 나의 교사 선언문이다.

행복 교실을 통해 나는 많은 것을 배우고 느끼며 실천할 수 있는 힘을 얻었다. 더 많은 학생들을 이해하고 그들에게 기회를 주려 하며, 교사로서 많은 질문과 성찰의 시간을 계속 하고 있다. 그리고 교사가 생명을 살리는 직업 임도 알게 되었다. 보다 더 중요한 것은 이 과정을 통해 나 또한 성장하고 있다는 것이다.

올해로 행복 교실과 함께 한 지 12년차가 된다. 이 시간이 어떻게 흘렀는지 느끼지 못할 정도로 지나갔다. 이것 저것 하다 보니 방학도 없었다. 언제부턴가 학교가 집보다 더 편한 공간이 되어갔다. 놀이터 같았고 도서실 같았고 나만의 카페 같았다. 아무도 없는 교무실에서 느끼는 혼자만의 즐거움도 꽤 괜찮다.

나의 50대, 안팎으로 많은 시도를 한 시간이었고 재미었던 시간이었다. 내 인생의 황금기가 아니었나 생각된다. 오로지 내 자신과 나의 일에 몰두할 수 있었던 귀한 시간이었다. 이런 50대를 선물 받을 수 있어 감사하다.

　이런 선물같은 시간이 가능했던 건 가족이다. 80이 넘은 나이에도 아직도 큰 딸을 도와주시는 친정어머니, 바쁜 아내의 불편함을 묵언 수행으로 지지해 주는 남편, 엄마가 하는 일에 더 집중하라고 자신들 일을 알아서 잘 해주고 있는 듬직한 두 아들, 그리고 맏언니 대신 나의 자리를 기꺼이 대신해 주는 착하고 예쁜 동생들이 셋이나 있어 가능했다. 감사하다.

어머, 아이가 아빠를 닮았네요.

6살, 어느 햇볕 좋은 날.

내가 다니던 유치원에 자모 회의가 있어 많은 엄마들이 유치원으로 오고 있었다.

난 유치원 계단 끝에서 두 엄마와 따라온 꼬마 아이를 만났다.

난 두 엄마께 인사를 하고 그 꼬마 아이를 보며 "어머, 아이가 아빠를 닮았네요."라는 멘트를 날렸다. 6살 아이 멘트에 두 엄마는 너무 놀라 황당한 표정으로 나를 내려다보았다.

순간 알았다. 내가 할 멘트가 아니라는 걸~

햇빛은 따가웠고 6살 꼬마 아이는 한참 동안 땅바닥만 내려보았다.

난 왜 그런 말을 했을까. 사실 난 그 아이 아빠를 잘 모르는데. 본 적도 없을 텐데….

아마도 그 꼬마 여자 아이가 어린 내 눈에도 귀엽고 예쁘게 보였나 보다. 그리고 엄마들이 하는 말을 흉내 낸 것이 아니었을까.

이 일은 엄마도 알고 있다며 그 당시 아줌마들 사이에서 회자되었다

< 행복교실 카드 중에서 >

배움에 게으르지 않으면 가르침이 권태롭지 않다. - 공자 -

좋은 교사란 아이들과 함께 웃는 교사다. 좋지 못한 교사란 아이들을
우습게 보는 교사다. - 니일 -

아이들은 무엇을 배웠는지 다 잊어도 어떻게 대 했는지는 잊지 않
는다. - 좋은 생각-

9등급에서 1등급

2014년, 난 졸업생 한 명을 후배들 앞에 세웠다. 그리고 강연 제목을 보내 오라 했다. 이것은 그 친구가 보내 온 강연 제목이다. 그리고 이 강연에 400명이 넘는 재학생들이 신청을 했고, 이것을 시작으로 9년째 진로 멘토링 프로그램을 진행하고 있다.

교사로서 한 아이의 변화를 본다는 것은 엄청난 행운이다.

2010년 '5차원 전면교육' 연수와 '행복교실'이란 교사연구회를 만난 게 이 학생을 만나게 된 서막이 된다.

2010년 2학기. 처음으로 방과 후 수업에 내 과목이 아닌 '자기주도반'이라는 타이틀로 학생들을 모집했다. 대부분의 학생들은 자습하는 반이라 생각하고 왔다고 했다. 이제 막 자기주도학습이란 용어가 나오기 시작했으니 생소할 만도 했다. 행복교실에서 만난 징검다리 플래너로 하루의 시간관리를 도왔고, 5차원 전면교육에서 배운 '짧은 글'과 '긴 글'을 읽히고 요약하고 발표하는 방법으로 독해와 생각 넓히기를 매일 실시했다. 새로운 학습방법에 아이들의 반응도 좋았고 나도 신나게 할 수 있었다.

한 학기 끝날 무렵 한 아이의 놀라운 변화를 만나게 된다. 나의 도움이 아니라 그 학생의 변화에 내가 좋은 도구들을 제 때 제공한 것이다. 줄탁동시(啐啄同時)의 타이밍이 잘 맞은 것이다. 졸업을 하고 재수를 하고 대학을 들어가기까지 3년 동안 그 아이의 성장을 지켜 보았다. 대학에 가서도 고등학교 때 쓰던 플래너를 가져 가 썼던 친구다.

이 친구 강연 PPT에 등장한 내 글씨를 보고 당황했다. 내가 플래너 점검을 하며 달아준 코멘트였는데 그 한 줄이 처음 받아 본 칭찬이라는 말에 깜짝 놀랐다. 한 줄의 위력을 느낄 수 있는 순간이었다. 그렇구나!!! 누군가의 말 한마디가 평생 남을 수 있구나. 이런 걸 보면 특히 교사는 말 한마디, 행동 하나하나 얼마나 조심해야 하는 직업인가를 새삼 깨닫게 된다.

9등급에서 1등급은 실제 이 친구의 수학성적이다. 지금은 대학을 졸업하고 제약회사에 다니고 있다. 한 번 자신의 한계를 치고 올라간 경험이 있기에 지금도 어떤 일을 할 때 두려워 하지 않고 도전하며 자신을 이끌어가고 있다. 난 매해 제2, 제3의 이런 친구가 나오길 기대하며 프로그램을 진행한다. 그러나 해마다 그런 아이를 만나는 건 힘든 일이다. 하지만 강도는 다르나 어떤 형태로든 아이들의 성장을 만난다. 올 겨울에도 한 학생의 변화를 보고 있다. 고3이 되는 그 녀석의 좋은 결실을 조용히 기다려 본다. 그것이 내가 프로그램을 계속 진행할 수 있는 힘이다.

작년부터 이어진 코로나 사태는 학교에서 다양한 프로그램을 진행하기 어려운 환경이다. 멈춰야 하나 고민도 했지만 on line과 off line을 병행하며 고군분투 중이다.

많은 멘토들을 만났다. 슈 디자이너, 한복 디자이너, 항공 조종사, 마라톤 하는 친구, 책 쓰는 친구, 젊은이들의 톡방 대표, 간호사, 승무원, 뮤지컬 배우, 크리에이터, 변호사, 계리사, 교사, 교수, 만화가, 의사, 수의사. 마임이스트, 1인 기업가, 콘텐츠 작가, 경찰, 프리랜서 등등.

가장 보람 있을 때는 "선생님, 저도 여기 멘토로 참가하고 싶어요. 졸업하고 멘토로 꼭 올게요" 이런 반응을 들을 때다. 세상은 넓고 할 일은 다양하다. 없으면 스스로 만들어 가는 세상이다. 입시에 매몰되어 가는 현실에서 방향도 모른 채 끌려가고 있지는 않은지, 스스로 삶의 주체가 되어 살아가고 있는지. 자신의 방향을 점검하고, 자신을 들여다보고, 세상을 다양하게 바라볼 수 있는 시각을 제공하고자 시작한 프로그램이다.

이제 내가 학교를 떠나면 이 프로그램도 막을 내릴 거라 생각한다. 자신이 하는 일에 열정과 믿음이 있어야 끌고 나갈 힘이 있다. 반대로 열정과 믿음이 없다면 아무 것도 만들어지지 않는다. 학교의 모든 과정 중심에는 교사가 있다. 교사가 동력이다. 교사의 에너지가 결국 교육을 만들어 낸다고 믿는다. 내가 떠나도 이 프로그램은 계속 되었으면 하나 이 또한 욕심일 수 있다. 각자 자신의 열정을 쏟는 방법은 다양 하니까. 코로나 상황이라 변수가 많지만 끝나는 날까지 최선을 다 하리라.

항상 널 응원 할게 !!

내 교무실 벽에 붙어 있는 문구이다. 그리고 내가 가장 많이 쓰는 문구이다.

난 편지 쓰기를 좋아한다. 그리고 그 편지 속엔 항상 이 문구가 들어간다.

젊은 친구들을 많이 만난다. 내가 진행하는 프로그램 멘토들이 젊은 친구들이기도 하지만 우리 학교 졸업생들이 많다 보니 그 친구들과의 인연이 제자에서 딸처럼 때로는 인생을 함께 살아가는 친구처럼 느껴질 때가 있다. 이 친구는 이래서 응원해 주고 싶고, 저 친구는 저래서 응원해 주고 싶다.

윤조

지난 5월, 첫 담임을 했던 제자와 학교 앞 산책길을 뛰었다. 코로나가 끝나면 같이 마라톤 나가자고 다짐도 했다. 아침 일찍 만나 7km 정도를 뛰고 차 한 잔 하면서 이런 저런 사는 얘기를 하다 보니 딸같은 친구같은 느낌이 들었다. 졸업 후 이 친구가 궁금했는데 TV프로그램 '다큐 3일'에 나오는 게 아닌가. 사람의 인연이라는 게... 지금도 그 친구가 학교 동아리 시간에 만들어준 작고 앙증맞은 도자기가 내 서랍 속 보석함 단지로 있다. 그 도자기에 한자로 자신의 이름을 새겨 놓았다. 그 도자기를 볼 때마다 그 친구 이름을 부르게 된다. 允照야~ 오늘도 열심히 씩씩하게 잘 살고 있지!!!! 올해도 뛰어야지. 지난 번에는 내가 앞서 뛰었는데 올해는 어찌 될지 궁금하네. 만나자.

진

"선생님, 여기 선생님이 좋아할 만한 졸업생이 왔어요." 큰 소리로 나를 불렀다. 내가 진행하는 프로그램의 멘토로 세우면 좋을 거 같다며 소개했다. 얼굴은 낯익으나 나에게 배웠는지는 갸우뚱했다. 그렇게 만난 진. 벨기에에서 한글을 가르치고 있다고 했다. 무조건 데리고 올라가 수업 대신 즉석 선배와의 만남 시간을 진행했다. 대학 1학년 겨울방학 때, 책 100권 읽기와 영어 마스터를 목표로 했다 한다. 그리고 3년 동안 24시간 영어 속에 살면서 영어에 대한 자신감을 갖게 되었고, 그것을 바탕으로 조금씩 자신의 영역을 넓혀가고 있는 중이라 했다. 체육학과 출신으로 스킨스쿠버 자격증으로 국제 다이빙 강사도 하고 있으며 벨기에는 IOC 또는 FIFA에 들어가기 위한 준비로 불어를 배우고자 가게 되었다 한다. 한국어 강사는 생활을 위해 벨기에 가기 전에 한국어 강사 자격을 얻어 가르치게 되었다 한다. 그렇게 시작된 진과의 인연은 올해로 7년째 이어지고 있다. 지금은 영어, 불어를 능통하게 구사하며 아직 벨기에서 한글을 가르치고 있다. 얼마 전에는 한국학 관련 석사과정에 합격하여 공부 중이며 좀 더 적극적으로 가르치는 일에 몰두하고 싶다는 소식을 전해 왔다. 진이를 보면 사람의 앞 날은 예측하기 어렵다는 생각을 많이 한다. 지금 현재 하고 있는 일에 최선을 다하다 보면 생각지도 못한 다양한 세상과 생각을 만나게 되고 이런 변화가 새로운 출발점이 되기도 한다. 진이야~ 너의 계속되는 도전이 어떤 방향으로 갈지 모르나 너의 성장을 계속 지켜보고 싶구나. 오늘도 열심히 뛰고 있는 너에게 아마도 몇 년 뒤 근사한 삶의 선물이 있을 거 같다. 그건 너가 만든 것이다. 함께 기대하며 오늘도 화이팅‼ 몇 년 전 파리에 있는 동생한테 갔을 때 TGV를 타고 벨기에까지 가서 진이를 만났다. 먼 길 왔다고 2박3일 벨기에 여행을 진이가 계획했다. 진이야~ 그때 북해 바닷가 카페에서 마신 카푸치노 맛을 잊을 수가 없구나. 기회가 된다면 북해 카푸치노 마시러 다시 가고 싶다. 새로운 도전 너무 기특하고 항상 너를 응원하마.

다희

뮤지컬 배우이다. 고2 끝 무렵, 한 학생이 강원도 평창에서 전학을 왔다. 뮤지컬로 대학 진학을 하기 위해 서울로 올라왔다 했다. 무대 위에 서면 카리스마 작렬하는 다희의 모습을 보면서 '끼'가 무엇인지를 알 수 있었다. 그래, 전공한다면 저 정도의 아우라는 있어야지. 다희는 동국대 연극학과를 들어갔고 매해 가을 대학 연극에 나를 초대했다. 그렇게 시작한 다희의 무대를 난 얼마 전에도 대학로에서 보고 왔다. 무대 위에선 여전히 다희만의 아우라와 색깔이 살아 있다. 코로나 상황에서도 무대의 끈을 놓지 않고 있는 다희를 보면서 언젠가는 좋은 시절이 올 것이라 확신하며 늘 응원하고 있다. 연극이 끝나고 만나는 다희는 몸이 성한 날이 거의 없었다. 이번에도 무릎 통증으로 테이핑을 하고 절룩거리며 나왔다. 그럼에도 무대 위에서는 자신의 역할에 최선을 다하는 다희의 모습에 많이 아려왔다. 다희에게 따끈한 밥 한끼 먹자 한 지가 몇 년을 지나고 있다. 차분하게 밥 한끼 먹을 여유조차 내기 힘든 친구다. 계속 오디션을 봐야 하고 현실의 벽 앞에서 자신을 추스리며 살아야 한다. 자신의 열정으로 옆도 돌아보지 않고 한 길로 계속 가고 있는 아이다. 어떤 앞날이 기다릴 지는 아무도 모르나 언젠가는 다희의 열정이 세상 밖으로 나올 날이 있으리라 믿는다. 힘들지만 다희야~ 너의 열정을 놓지 않길 바란다. 작은 힘이나 객석에서 언제나 너를 열렬히 응원하는 한 사람 여기 있다. 올해는 선생님과 밥 한번 먹을 시간이 돼려나 모르겠다. 올해도 화이팅!! 하는 한 해가 되길 응원하마. 건강해라.

별

2018년 여름방학, 큰아이가 결혼을 앞두고 가족해외여행을 계획했다. 자신이 결혼하면 함께 하기 힘드니 결혼 전 부모님과 함께 하고 싶다고 제안을 했다. 그렇게 우리 식구는 스페인 여행을 가게 되었다. 걷기 좋아하는 엄마를 위해 산티아고 길 2박 3일 체험도 스케줄에 넣는 효심을 보였다. 그 산티아고 길 위에서 별을 만났다. 자신의 키 만한 배낭을 거뜬히 매고 걸어오는 저 여전사는 한국 사람인가 갸우뚱하는 나에게 먼저 "안녕하세요?"라며 밝게 인사를 건넸다. 그렇게 만난 별은 피레네 산맥을 넘어 론세스 바에스 수도원에서 마치 오랫동안 만난 사람들처럼 서로의 얘기를 꽤 길게 했다. 두 아들이 나를 찾아 오지 않았다면 밤새 얘기하지 않았을까 싶다. 나의 산티아고 일정은 그 다음 날로 끝났지만 별은 끝까지 산티아고를 걷고 왔다. 그렇게 만난 인연은 지금도 1년에 한 두번 만나는 친구가 되었다. 나이 탓인지 한국 아줌마만의 유전자 탓인지 젊은 친구들이 열심히 사는 모습을 보면 왜 그리 응원한다는 말을 해주고 싶은지. 오지랖은 한국을 넘어 해외에서도 유감없이 발휘되었다. 여기에 영어까지 된다면 아마도 다른 나라 젊은이들까지 내 응원의 레이더 망에 걸릴 것이다.

별은 대구에 사는 친구로 오랜 직장 생활을 정리하고 새로운 자신의 길을 찾고자 도전 중인 친구다. 나름의 정의감을 갖고 세상을 향해 소신껏 살아가고 있는 용감한 친구다. 이런 친구들이 세상을 밝게 만들어 간다고 믿고있다. 외로운 싸움이 될 수도 있지만 난 이 친구의 먼진 싸움에 기꺼이 동참하고 싶다. 별~ 먼 타국의 길 위에서 만났지만 귀한 인연이라 생각합니다. 내가 나태주시인의 시를 좋아한다고 무작정 공주까지 찾아가 기어코 자필 사인을 받은 책을 선물한 별. 너무 놀라 입이 다물어 지지 않은 상황이나 난 별의 그 마음을 잊지 않을 겁니다. 지금 새롭게 시작하는 직장생활을 응원합니다. 올해도 산 한번 가야죠?

슈

이 친구와의 인연도 꽤 길다. 2013년에 행복 교실 교사 연수에서 만났다. 우리학교 자기주도프로그램 강사로 나랑 꽤 오랫동안 팀을 이루고 있는 친구이다. 똘망하고 자신의 색깔로 열심히 살고 있으며 자기주도능력이 철철 넘치는 친구다. 하루 24시간을 참으로 야무지게 살아가고 있다. 기록의 성장을 매일 실천하며 골룸 -목표(Goal)를 이룸(Room)- 프로젝트를 운영하고 있는 블로거이기도 하다. 매일 주어지는 24시간을 이리 잘 쓰고 있는 친구가 또 있을까. 이 친구를 생각하면 시간관리와 독서가 가장 먼저 떠오른다. 이번엔 우리 학교 학생들에게 자신이 세운 목표를 어떻게 달성하는지 구체적인 실천 방법을 자신의 10년 노하우를 듬뿍 담아 진행했다. 학생들의 피드백을 받아보니 알차고 많은 생각을 하게 해 준 유익한 시간이었다고 보내 왔다. '기록하는 삶은 쉽게 무너지지 않는다란 말이 이번 겨울 자기주도 프로그램 PPT 맨 앞 장에 쓰여 있었다. 이 친구가 매일 자신을 올곧게 세우는 힘이기도 하다. 10년 동안 매일매일을 시간 별로 기록한 10권의 파일을 보면서, 10년 뒤 분명 우뚝 서 있을 이 친구가 그려졌다. 희수야~ 샘이 열렬히 응원하고 있데아~

나이 들어가는 내가, 젊은 친구들에게 해 줄 수 있는 일은 그들과 함께 밥 먹으며, 그들의 이야기를 들어 주고, 그들의 삶을 응원해 주는 일이라 생각한다.

항상 너를 응원해 주는 한 사람이 여기 있음을 잊지 말라며 내 아이들에게, 젊은 친구들에게, 나의 학생들에게 내가 매일 마음으로 톡으로 퍼 나르는 말이다. 항상 널 응원 할게!!

꽃으로도 때리지 말라

나이 들면서 내린 결론은 '모든 사람의 삶은 참으로 소중하다'이다.

그래서 자신의 삶뿐 아니라 다른 사람의 삶 또한 함부로 대해서는 안 된다. 한 번밖에 주어지지 않는 각자의 인생을 잘 살다 가야 한다. 그리고 서로 잘 살 수 있도록 도와야 한다. 그러나 종종 함부로 대하다 자신도 다치고 인간 관계도 깨져 세상살이가 흔들리는 경우를 보게 된다.

살다 보면 세상에 정답이 없거늘 끝까지 자신만이 옳다고 아집을 부리다 인생 막바지에 덩그러니 혼자 있는 자신을 발견하게 될 것이다.

살다 보면 인생이 空手來 空手去거늘 그것 안 놓겠다고 부여잡고 가다 인생 막바지에 덩그러니 혼자 있는 자신을 발견하게 될 것이다.

끝까지 같이 가야 할 것은 사람이다. 그 사람 가면 다시 오지 않는다.

우리 모두 가면 다시 오지 않는다. 무엇이 가장 소중할까? 어떻게 살다 가야 할까?

'꽃으로도 때리지 말라'(2004) 라는 김혜자 님의 책 제목을 처음 접했을 때 난 정말 오글거렸다. 저렇게까지 표현한 것은 좀 오버라 생각했다. 그러나 지금(2021) 난 그렇게 표현한 김혜자 님의 마음을 충분히 공감하는 사람이 되었다.

　학생들을 대하다 보면 그 아이들의 부모들을 알게 된다. 모든 부모가 좋은 부모만은 아니라는 걸 교직을 하면서 더 실감하게 되었다. 요즘은 부모에 대한 최소한의 기대 수준마저 무너지고 있어 안타깝다. 물론 학생들의 일방적인 전달일 수도 있지만 집안에서 저질러지고 있는 각종 폭력(언어 폭력, 신체적 폭력, 정서적 폭력, 성 폭력까지도)들을 듣다 보면 어디까지 교사가 관여해야 할지 심한 갈등을 하게 된다. 실제로 경찰에 신고도 해 봤지만 가족과 엉켜있는 현실은 아이 혼자 홀로 서기가 쉽지 않다. 현실적으로 복잡한 문제다.

　문제의 출발은 가정에 있다. 부쩍 '부모 교육'의 절실함을 느낀다. 부모를 잘 만나는 것은 엄청난 로또이다. 그 아이의 모든 영역에 평생 동안 막대한 영향력을 미치기 때문이다. 아이의 성품, 사람을 대하는 태도, 문제를 해결하는 방법, 세상을 바라보는 시각 등 너무나 많은 부분에 영향을 미치고 있다. 요즘 '나쁜 개는 없다'라는 TV 프로그램이 있다. 난 학생들을 보면서 '나쁜 아이는 없다'고 감히 말한다. 그들이 자라면서 받은 상처가 지금의 이 모습을 만들었다는 생각을 부쩍 한다. 출발은 부모인데 그 아픔은 고스란히 아이가 받고 있음을 아이들을 만날 때마다 느낀다. 그 상처가 너무 커 자신을 해치는 지경까지 와 있다. 교실에 들어가기도, 또래 친구들과 어울리기도 힘들어 하는 우리의 10대들을 보면서 걱정이 크다. 그들도 자신의 삶을 잘 살고 싶은 간절함이 있다. 부모가 그들을 따뜻하게 품고, 도와야 하는데 그러지 못하는 현실에 난감할 때가 많다.

아직도 많은 부모들이 내 아이가 정신적으로 신체적으로 건강하게 자라고 있는가에 대한 관심보다는 성적과 대학에 초점이 맞추어져 있음을 자주 본다. 입으로는 아이의 행복을 말하면서 본인의 행복추구를 아이에게 전가하고 있음과 혼돈하고 있다. 맑은 영혼을 갖고 태어났을 아이들이 불과 10여 년의 삶을 살면서 이렇게까지 힘들어 하고 무기력에 빠져 있는 것에 대하여 어른들은 정확히 보고, 깊이 반성해야 한다. 내 아이지만 그들의 삶까지 내 것은 아니다. 내 아이의 삶을 함부로 재단해서는 안 된다. '꽃으로도 때리지 말라' 했거늘 무엇으로 그들을 대하고 있는지. 끊임없는 남과의 비교, 성적 우선, 무관심, 내 아이만, 이중잣대, 자신들의 욕심 등이 아이들을 죽이고 있지는 않은지 정확하게 바라봐야 한다,

사람을 통해서 배우고 사람을 통해서 세상을 알게 된다.
우리 모두 서로에게 좋은 사람이 되기 위해 노력해야 한다

시(詩)에서 인생을 배운다

학교 다닐 때 시를 해석하고 분석하고 시험 보는 것에 반항했다. 느낌을 강요 받는 거 같아서. 이런 나에게 어느 날 시가 훅 들어왔다. 그 첫 번째 시가 '귀천'이었다.

귀천　　- 천상병 -

나 하늘로 돌아가리라
새벽빛 와 닿으면 스러지는
이슬 더불어 손에 손을 잡고
나 하늘로 돌아가리라
노을 빛 함께 단 둘이서
기슭에서 놀다가 구름 손짓하며는

나 하늘로 돌아가리라
아름다운 이 세상 소풍 끝내는 날
가서 아름다웠더라고 말하리라….

어렸을 적 병원 옆 골목 안 쪽에 항상 상여가 놓여 있었다. 아무도 그 물건이 무엇인지 알려주지 않았지만 왠지 모를 무서움에 고개를 돌리거나 빠르게 그 앞을 지나갔다. 어릴 때부터 나에게 '죽음'은 생각하는 것조차, 말하는 것조차 두렵고 무서운 존재였다. 나이가 들면서 조금 나아졌지만 '죽음'은 여전히 나에게 어려운 과제였다.

그러다 만난 천상병 시인의 '귀천'은 많은 생각을 하게 했다.

더욱이 천상병 시인은 동백림 간첩사건으로 억울한 옥살이와 고문으로 청춘을 뺏기고 힘든 세상을 살아야 했는데 '이 세상이 아름다웠다고' 말할 수 있을까… 숙연해졌다.

'구름 손짓하며는' '소풍 끝내는 날' 이 세상 떠나는 그 순간을 어찌이리 예쁘게 말 할 수 있을까… 잠시 멍한 기분이 들었다. 단 한 번도 나는 죽음의 순간을 이렇게 생각지 못했다. 시인의 시는 가히 충격이었다. 고문이 시인의 몸은 망가트렸지만 영혼은 건들지 못했구나. 그 맑은 영혼으로 '귀천'이 나왔구나.

나도 이 세상 소풍 끝내는 날. 이 시인처럼 읊조릴 수 있을까. 아니 그리 하고 싶어졌다.

'이 세상 아름다웠노라고', '이 세상 소풍 와서 감사 했노라고' 그리고 '잘 놀다 간다고' 처음으로 죽음의 공포에서 벗어날 수 있었다.

너에게 묻는다 - 안도현 -

연탄재 함부로 발로 차지 마라

너는 누구에게 한 번이라도 뜨거운 사람이었느냐

연탄을 보고 이런 시를 쓰다니. 감탄이 절로 나왔다.

그리고 시인은 보통 사람과 다른 눈을 가져야 함을 알았다.

나에게 연탄재는 겨울철 길가에 던져지는 미끄럼 방지용 그 이상 그 이하도 아니었는데….

단 한 줄로 이리 강하게 때리다니 놀랍다.

연탄이 묻는다. '한번이라도 누군가에게 뜨거운 사람이었느냐'고.

최소한 연탄에게 말 할 수 있는 삶이라도 살아야겠다는 생각을 하게 만든 시이다.

수선화에게   - 정호승 -

울지 마라

외로우니까 사람이다

살아간다는 것은 외로움을 견디는 일이다

공연히 오지 않는 전화를 기다리지 마라

눈이 오면 눈길을 걸어가고

비가 오면 빗길을 걸어가라

갈대 숲에서 가슴 검은 도요새도 너를 보고 있다

가끔은 하느님도 외로워서 눈물을 흘리신다

새들이 나뭇가지에 앉아 있는 것도 외로움 때문이고

네가 물가에 앉아 있는 것도 외로움 때문이다

산 그림자도 외로워서 하루에 한 번씩 마을로 내려온다

종소리도 외로워서 울려 퍼진다

눈물이 났다. 한 줄 한 줄 공감이 절로 되었다.

눈이 오면 눈길을 걷고 비가 오면 빗길을 걸으리. 하아~ 하느님도⋯ 시인은 산도 데려 왔다.

외로움이 오롯이 자신 만의 몫임을 받아들인 시점은 삼십 대 중반 쯤 이다. 가족도 있고 형제도 있고 친구도 있지만 모든 것을 함께 할 수는 없다. 함께 있으나 누구도 대신해 줄 수 없는 각자의 몫들이 있음을 깊 게 받아들이는 시간이었다.

내 안에 있는 '나'를 들여다 보았다. 무던히 애쓰고 있는 내가 짠하게 다가왔다. 왈칵 눈물이 났다. 조용히 나를 안아주었다. 그동안 애썼다 고. 이제부터는 자신을 위해서 조금은 용감해지라고. 이 세상 떠나는 그 순간까지도 함께 할 '내 자신'을 이제부터는 내가 잘 관리 하겠노라 고. 혼자이나 혼자가 아니고, 외로우나 외롭지 않을 수 있음을 알게 되 었다. '외로우니까 사람이다' 를 편안하게 받아들이게 되었다. 그 편안 함을 알기 전까지 우리는 너무 외로워 힘들어 하는 거 같다. 시간이 걸 리는 부분이다. 세월이 가르쳐 주는 부분이기도 하다.

시인도 엄청 외로웠는지 이 세상 모든 것들의 외로움을 보며 위안을 삼았나 보다. 아들아, 손자들아, 오롯이 외로움을 안고 가는 게 인생 임을 너무 힘들어 하지 않길 바란다. 그리고 '내 안에 있는 나'를 사랑하고 단단하게 다듬고 함께 가야 함도 놓치지 않길 바란다. 모두의 인생을 응원하마. 외로움도 잘 다스리며 갈 수 있게.

방문객 - 정현종 -

사람이 온다는 건
실로 어마어마한 일이다.

그는
그의 과거와
현재와
그의 미래와 함께 오기 때문이다.

한 사람의 일생이 오기 때문이다.

큰애가 결혼하고 싶다고 했을 때 제일 먼저 생각난 시이다.

한 사람이 우리의 가족으로 오는 일이다. 실로 어마어마한 일이다. 그 아이의 과거와 현재가 그리고 미래가 함께 오는 일이다. 그 아이의 일생이 오는 일이다.

설레고 반갑고 고마웠다. 이제부터 우리와 함께 할 그 아이에게 그리고 그 아이의 일생이 만들어질 미래의 시간들이 실로 좋은 시간이 되길, 실로 멋진 시간이 되길 진심으로 기도했다. 기꺼이 우리에게 온 며늘아이, 나의 두 손녀, 그리고 앞으로 만나게 될 나의 가족들을 온 맘을 다해 맞으리라. 시를 읽으며 더 더 더 마음을 다져 본다.

이건 가족만이 아니다. 내가 살면서 만나는 모든 사람들에게 해당되는 일이다. 내가 그들의 과거, 현재 그리고 미래까지 어떤 영향을 줄 것인지를 생각해야 한다. 나로 인해 행복하다면 그보다 더 좋을 순 없다. 감사한 일이다. 그러나 그러지 못하다면 최소한 나로 인해 그들의 인생에 티끌 하나라도 망치지 않도록 늘 노력하고 살펴야 한다.

우리 집 식구로 온 첫 며늘 아이를 만나는 날, 난 편지와 꽃다발을 준비했다.

반갑구나 !!

벗꽃이 가장 환한 빛을 내고
가지 끝마다 연 초록 순이 너무도 예쁜 이 계절에
새로운 식구를 맞게 되어 설레고 기쁜 마음 가득하다.

앞으로의 시간들을 어떻게 생각하고 있을까?
나도 그 시절이 있었기에 궁금하구나.

상상만 하지 어찌 될지는 아무도 모르는 게 세상 일인데
살다 보면 너희들도 세상의 이치를 하나씩 알아 가리라 생각된다.

좋을 때도 있고 힘들 때도 있고
잘 살 때도 있고 못 살 때도 있는데
이 모든 것들이 내 삶의 조각이 되어 인생을 만들어 가고 있더구나.
잘 만들어질 때도 있고 삐뚤 빼뚤 할 때도 있지만 그리 두려워할
것은 없다.
살다 보니 그 모든 것이 나름의 가치와 의미가 있다는 걸 알게 되
는구나.
매일 주어지는 하루하루가 참으로 값진 선물이라는 것도 나이 들
어 알게 되는구나.

서로를 선택한 두 사람 늘 서로에게 감사함을 갖길,
그리고 부모, 형제, 친구 등 주변 사람들에게 기꺼이 마음과 시간
을 나눌 줄 알기를,

거기에 푸른 하늘, 따스한 햇볕, 길가 작은 꽃에도 감사와 사랑을 보낼 줄 아는 여유로움까지 있다면 참 좋을 거 같다.

이제, 부모를 떠나 자신들의 가정을 꾸미려는 너희들이 너무 기특하고 고맙고 예쁘구나. 지금보다 더 많은 것을 같이 해야 할 것이다. 힘들어도 둘이 서로 의지하며 두 손 꽈~악 잡고, 씩씩하게 잘 살아나가 길 온 맘으로 응원하마. 사랑한다 ♡

2018. 04. 14 (토) 기쁜 날에 엄마가.

흔들리며 피는 꽃   - 도종환 -

흔들리지 않고 피는 꽃이 어디 있으랴

이 세상 그 어떤 아름다운 꽃들도

다 흔들리면서 피었나니

흔들리면서 줄기를 곧게 세웠나니

흔들리지 않고 가는 사람이 어디 있으랴.

젖지 않고 피는 꽃이 어디 있으랴

이 세상 그 어떤 빛나는 꽃들도

다 젖으며 젖으며 피었나니

바람과 비에 젖으며 꽃잎 따뜻하게 피웠나니

젖지 않고 가는 삶이 어디 있으랴.

몇 년 전 학생들과 함께 자신이 좋아하는 시와 이유를 적어 작은 책 한 권을 만들었다.

 그때 난 이 시를 골랐다. 흔들리지 않고 가는 사람이 어디 있으랴. 없다!! 젖지 않고 가는 삶이 어디 있으랴. 이 또한 없다!! 우리 모두는 흔들리며 젖으며 살아가고 있다. 흔들리며 흔들리며 하루하루 살아내고 있다. 이리 저리 흔들리며 우왕좌왕 갈팡질팡 살다가 세월이 보태지면서 흔들림이 당연함으로 그리고 나만의 것이 아님을 알게 된다. 그러면서 자신의 삶에 서서히 뿌리를 내리고 꽃 피우지 않을까. 그 시기는 사람마다 다르나 일찍 철든 젊은 친구들을 보면 난 한없이 부럽다. 저 나이에 벌써 세상을 저리 야무지게 살다니… 난 이제 나이 60에, 그것도 아주 조금 알 거 같은데… 아는 거는 맞나???

꽃자리   - 구상 -

반갑고 고맙고 기쁘다
앉은 자리가 꽃자리니라

네가 시방 가시방석처럼 여기는
너의 앉은 그 자리가
바로 꽃자리니라

앉은 자리가 꽃자리니라
앉은 자리가 꽃자리니라

네가 시방 가시방석처럼 여기는
너의 앉은 그 자리가
바로 꽃자리니라

행복 교실 모임 여는 자리에서 미아 샘이 읊어 준 시다.

어쩜 그리 시 낭송을 잘 하시는지 글자 하나하나 감정을 담아내어 가슴에 스미 듯 잘 전달하신다. '시방 가시방석처럼 여기는 너의 앉은 그 자리가 바로 꽃자리니라' 와우!!! 집에 돌아와 시를 찾아 다시 읽고 또 읽었다. 내공이 느껴지는 시다. 많은 사람이 지금 자신의 자리에 만족하지 못한다. 여러 가지 이유로. 나 또한 그런 사람이었다. 그 또한 자신이 만든 결과인데도 자신은 항상 다른 곳에 있어야 한다고 생각한다. 착각이다. 쓰잘데기 없는 생각을 평생 안고 가는 사람도 있다. 끝까지 자기 안의 자신을 보지 못하고. 항상 밖에서 자신을 찾으려 하고, 다른 사람의 평가에 자신을 맞추려 하고. 그러다 자기를 제대로 보지 못한 채 생을 마감할 수도 있다. 지금 내가 앉은 자리가 내 자리거늘 어디서 너를 찾고 있느냐? 시방 앉은 네 자리가 꽃자리임을 알지니. 그것은 너 자신 스스로가 만든 것이니라. 시가 자꾸 내 자신을 들여다 보게 한다.

Here & Now, 一切唯心造

풀 꽃   -나태주-

자세히 보아야
예쁘다

오래 보아야
사랑스럽다

너도 그렇다.

광화문 교보빌딩에 길게 늘어진 걸개 시로 이 시를 처음 만났다.

짧지만 참 예쁜 시다. '너도 그렇다' 가 정말 앙증맞게 내 맘에 쏙 들어왔다.

나태주 시인(?) 누굴까? 나에겐 낯선 이름이다. 40대 정도로 생각했다. 행복교실에서 공주문학관으로 시인을 만나러 가는 행사가 있어 쫓아갔다. 손수 풍금을 치고 우리는 '오빠 생각'을 불렀다. 70대 할아버지 시인이었다.

정말 동네 할아버지, 시골 교장선생님 그 모습 그대로의 시인이었다. 유명인을 이렇게 편하게 만나니 신기했다. 시인은 언제나 기쁜 마음으로 강연을 한다. 흔한 PPT 한 장 없이도 대상에 맞게 자신의 시와 인생을 잘 맞춰 감동을 준다. 강연을 듣고 있으면 누구나 쉽게 시를 쓰고 싶게 만든다. 시인은 독자가 만든다며 자신을 '풀꽃 시인'으로 만들어 줘 행복하다고 한다.

시인은 시(詩)를 쓰지 않았다면 죽었을 거라며 자신에게 시는 죽고 사느냐의 문제였고, 살기 위해 시를 썼다고. 한 여자로부터 버림받음으로 시인이 되었고, 한 여자로부터 용납받음으로 남편이 되었다고. 시인에게 있어 시(詩)는 전 일생을 살리는 작업이었고, 이 세상에 보내는 러

브레터였다고... 자신의 시가 누군가를 살리는 시가 되길 바라며 세상으로 날려 보낸다 했다. 시인은 강연 때마다 시에 대한 사랑을 전했다.

시인은 우리 학교 강연을 오셔서 '시 읽는 학교'를 만들어 달라고 부탁하셨다. 매 달 한 편의 시를 교내 곳곳에 게시하고 있다. 가랑비에 옷 젖듯이 오다가다 만나는 시 한 줄에서 인생을 배울 수 있길 바라는 간절한 맘으로 매달 시를 고르고 있다.

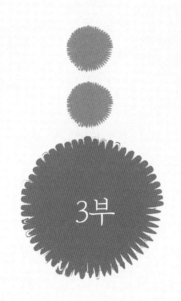

3부

울 엄니

친구가 말했다. 딸 넷이 엄마의 미모를 못 따라 간다고.

인정한다. 50대 울 엄마 사진을 보고 탤런트 누구지 라고 생각 했으니까.

우리 엄마니까 늘 내 곁에 계시니까 새삼스레 엄마에 대해 깊이 생각하지 않으며 사춘기를 지났고 결혼까지 한 거 같다.

첫 아이를 낳았을 때. 한밤중에 양수가 터져 바로 병원으로 갔다. 신속한 입원 절차 후, 날 실은 침대는 이리저리 다니며 분주히 분만 준비를 했다. 그러다 어느 한적한 곳에 옮겨 놓고는 모두 갑자기 사라졌다. 첫 아이라 뭐가 뭔지 모른 채 곧 다른 절차가 있으리라 생각하며 멀뚱히 누워 있었다. 주변은 너무 조용했고 한참이 지나도 아무도 오지 않았다. 그리고 진통은 시작되었다. 몇 번의 기절과 진통을 반복했을까 땀으로 범벅이 된 몸은 곧바로 이가 딱딱 부딪칠 정도로 덜덜 떨렸다. 본능적으로 시트인지 이불인지를 끌어다 덮어도 몸은 계속 떨렸다. 그러다 진통이 오면 또 다시 온 몸은 땀으로 범벅이 되고…. 그렇게 밤 12시에서 아침 7시까지 진통의 시작과 끝을 홀로 치러냈다. 진통하는 사이 간호사가 들어왔는지 기억이 없다. 너무 추워 이불을 더 갖다 달라

하려 했는데… 아침이 되어서야 간호사와 의사가 와서 나의 상태를 체크하고 분만실로 옮겼다. 그때 내가 밤새 진통한 곳이 분만 대기실 바로 앞인 걸 알았다. 그렇게 밤새 홀로 진통을 치러내고 첫 아이를 출산했다.

그때 젤 먼저 떠오른 사람이 울 엄마였다. 이렇게 힘든 일이구나. 이런 진통을 겪고 아이를 낳는구나. 내 생일날 미역국은 내가 먹는게 아니라 죽을 힘을 다해 세상 밖으로 나를 내보내 준 엄마가 드셔야 하는 날이란 생각이 들었다.

1월에 아이를 낳고 3월 내 생일날, 난 고기와 미역을 사 들고 엄마한테 갔다. 엄마는 산모가 이렇게 다니면 안 된다고 놀라셨지만 딸로서 당연한 일이라 생각했다. 이렇게 힘들게 아이를 낳는지 몰랐다며 감사하다고 전했다. 그리고 맘으로 다짐을 했다. 매해 내 생일날엔 꼭 엄마에게 고기와 미역을 사 들고 오리라 !! 그러나 매해 그렇게 하지 못했다. 그러나 첫 아이를 낳고 절절하게 엄마를 생각한 순간은 지금도 잊지 못한다. 큰아이 낳을 때 너무 고생을 해서 둘째는 동네 작은 산부인과에서 분만을 했다. 친정 엄마가 옆에서 함께 해 주셨다.

엄마.

내가 엄마가 되면서 엄마를 많이 생각합니다.

항상 좋을 수만은 없지만 오늘 이렇게 내가 있는 것은 당연 엄마가 날 낳아 주셨기 때문이지요.

말 잘 듣는 딸은 아니지만 그래도 잘 하려고 하는 딸이기는 합니다. 이제는 예쁜 울 엄마도 나이가 들어서 할머니에서 증조할머니가 되었네요. 여전히 예쁘시고 아직도 혼자서 지하철 타시고 버스 타시며 전국 어디든 척척 갔다 오시는 엄마가 참 좋습니다.

작년 아쿠아테라피를 다녀 오시다 문득 우리 자매들에게 고맙다는 말을 하고 싶었다고, 부재 중 전화가 여러 번 와 있어 놀란 나에게 그리 전하셨지요. 순간 목이 메어 왔습니다. 엄마도 이제 나이가 드나 봅니다. 엄하신 울 엄니가 그런 말씀을 하시니 울컥했습니다.

나이가 들면서 거꾸로 엄마 나이를 생각해 봅니다. 난 그 나이에 딸들을 서울로 보내지 못했을 겁니다. 차멀미를 그리 심하게 하면서 서울까지 나와 예쁜 옷 사 갖고 오는 수고 저는 못했을 겁니다. 작은 키에 막내 들쳐 업고 가방 양손에 들고 청량리와 강원도를 수 차례 오갔을 울 엄니~ 전 그리 못 했을 겁니다. 아버지 월급 하나로 딸 넷을 교육시키고 결혼시키고 서울 살림까지 이것 또한 못했을 거 같습니다. 60여

년 전 강원도 상동에서 시작한 두 분의 출발이 오늘 여기까지 온 걸 생각하니 새삼 숙연해 집니다. 머리 숙여 감사드립니다.

엄마는 저의 편한 성격이 참 맘에 들고 좋다 하셨지요. 엄마보다 단순해서 그럴 수 있답니다. 아직도 자식들, 손자들 잘 되라고 기도하시는 울 엄니~ 이제는 모두들 잘 크고 잘 살아가고 있으니 너무 걱정 마세요. 지금처럼 저희 집 매일 올 수 있는 건강과 뒤늦게 발견한 엄마의 아쿠아테라피 재능이 저는 너무 감사합니다. 앞으로도 저희들과 좋은 시간 많이 하며 건강하게 사시 길 온 맘으로 기원합니다.

시장골목에서 엄마와~(3살)

유치원소풍날 엄마와~ (6살)

하얀 목련이 필 때면

양희은의 '하얀 목련이 필 때면~' 노래가 한참 길가에 울려 퍼진 어느 날. 이 노래를 들으면 내가 생각난다며 편지를 보낸 분에게 난 양희은의 LP판을 선물했다.

지금도 내 마음의 숙제인 영어를 해 보겠다고 대학교 3학년 때 새벽반 영어학원에 등록했다. 그 분은 바로 내 뒷자리에 앉은 사람이다. 쪽지 시험도 꽤 잘 보고 스피킹도 꽤 잘했다. 자신의 취미인 바둑을 설명할 때 작은 바둑판을 들고 와 설명하는 모습이 인상적이었다. 수업 후 가끔은 클래스 전체가 학원 앞 커피숍에서 차 한 잔과 가벼운 대화를 한 후 각자의 직장으로 학교로 흩어지기도 했다.

길게 다니진 않은 거 같다. 계절이 바뀌고 목련이 피는 어느 봄날.
편지 한 장이 학교로 왔다. 취업이 됐다며, 출장 중 휴게소에서 이 노래가 나오는데 문득 내 생각이 났다는 내용이다. 전혀 예상하지 못한 사람에게 이런 편지를 받으니 조금은 의아했다. 편지 속엔 아주 작은 나의 친절이 그 분에게는 참 크게 다가갔는지 첫 월급으로 식사를 대접하겠다는 정중한 내용이었다. 물론 나가고 안 나가고는 나의 결정이지만... 아마도 착한 분이란 생각이 들었던 거 같다.

그렇게 편지가 오가고 계절이 두어 번 바뀌면서 말하지 않아도 자연스럽게 결혼으로 간 거 같다. 지금 생각해 보면 너무 이른 나이에 용감하게 감히 결혼이라는 것을 했다. 아니 그 시대엔 그런 흐름이 어찌 보면 자연스러운 것일 수도 있었다. 이미 대학을 졸업하기도 전에 결혼을 하는 친구들도 더러 있었으니까.

결혼을 하면서 결혼이 무엇인지 알게 되었다. 아이를 낳고 나서야 부모의 역할이 무엇인지 알아 갔다. 정말 준비 되지 않은 상태에서 시작한 결혼이 40년의 세월을 향해 가고 있다니 실감 나지 않는다. 큰 아이가 결혼한다고 했을 때 30여 년의 세월이 한걸음에 껑충 뛰어 온 느낌이었다. 시집 올 때 층층 시하의 어르신들이 지금은 모두 돌아가셨다. 어느 날 제일 앞에 서 있는 나를 발견하고 참으로 놀랐다. 발끝에 물결이 찰랑대는 망망대해 앞에 서 있는 그런 느낌이었다. 인생은 준비 되지 않은 상태에서 확확 다가오고 지나가는 거 같다. 모든 것이 연습 없이 실전으로 바로 온다. 하루를 무사히 보내는 것이 기적이란 생각도 든다. 지나온 시간들이 때론 꿈 같다.

언제부턴가 남편은 존댓말을 쓴다. 처음엔 많이 어색했지만 지금은 자연스럽다. 그리 요란한 사람이 아니다. 그 옛날 '하얀 목련이 필 때면 ~'서부터 지금까지 한결같은 마음을 갖고 있는 사람이란 생각이 든다.

어느 새 할머니 할아버지가 되어가고 있다. '어느 60대 노부부 이야기' 노래를 들으며 울컥하는 나이로 접어들고 있다. 100세 시대 걱정도 되지만 주어진 만큼 잘 살다가 가벼운 맘으로 떠나고 싶다. 늙는 게 두려운 것은 죽음이 아니라 내 의지와 상관없는 모습으로 늙어 갈까 봐 그것이 두렵다. 오늘 하루도 감사하며 누군가에게 짐이 되지 않는 건강한 노후를 간절하게 희망 해 본다.

신 자매들

나에겐 여동생만 셋이 있다. 은경, 금주(희선), 지현.

모두 아버지가 손수 지어준 이름들이다. 왜 돌림자를 쓰지 않았냐고 물으니 우리가 태어날 때마다 아버지가 나름 고민하시고, 그 해 최고의 이름으로 지어 주셨다고 엄마가 전하신다. 善姬, 恩慶, 錦珠, 志賢.

나의 이름은 참 흔한 이름이다. 학교 다닐 때 모든 성(性)에 선희란 이름이 있을 정도였다. 특히 김과 이씨는 한 두 명씩 더 있어 각자 이름 끝에 A, B를 붙여 구분해야 했다. 그러나 신선희는 내가 학교 다닐 동안 나 혼자였다. 나의 성이 이름을 돋보이게 했다. 항상 내 이름은 신선 하다 누구냐, 신선희 너 책 한 번 읽어 봐라, 하시며 흔한 이름 속에서도 흔하지 않은 이름이 되었다. 오랜 시간이 지나도 내 이름과 나를 기억하는 친구들은 MBC 카메라 신선희가 TV자막으로 올라가는 걸 보고 내가 카메라맨이 된 줄 알았다고 했다. 가끔 MBC 카메라 신선희라는 분이 궁금해 진다. 언젠가 오대산 가는 길에 신선희 찐빵집 간판을 보고 반가운 마음에 차를 세워 들어간 적이 있다. 난생 처음 내가 아닌 신선희라는 사람을 만나기에 많이 들떠 있었던 거 같다. "안녕하세요. 저도 신선희인데, 신선희가 어떤 분인가요?" 갑자기 들이닥친 나의 등장에 강원도 찐빵집 신선희아줌마는 많이 당혹스러워 했다. 찐빵 한 박스

만 사 갖고 조용히 나왔다. 내가 상상한 신선회아줌마들의 즐거운 수다
는 불발에 그쳤다….

둘째 은경, 나는 언제부턴가 은갱이라 부른다. 딱히 이유는 없는
데 왠지 그리 부르고 있다. 은갱이는 가장 뛰어난 미모를 지닌 동생이
다. 한국적이지 않은 이목구비에 말수가 적어 근접하기 좀 어렵게 느
낄 수 있는 친구이다. 가장 차분하고 이성적이다. 일찍이 전문인으로
서 자신의 길을 찾았다면 이름 좀 날리지 않았을까 싶다. 언니인 내가
세상 보는 시야가 좀 더 있었다면 가이드를 잘 했을 텐데... 이 점이 많
이 아쉽다.

엄마가 서울서 옷을 사 오면 항상 동생과 내 옷은 같은 스타일로 사
오셨다. 난 패션에 대한 감각이 예민하지 못해 주는 대로 입었다. 그러
나 동생은 언니랑 같은 옷을 입고 다니는 것에 대해 그리 좋아하지 않
아 학교 갈 때 같이 간 기억이 별로 없다. 그리고 동생은 나서는 것을
별로 좋아하지 않은 듯하다. 난 선생님이 시키면 내가 잘하든 못하든
해야만 되는 줄 알고 무엇이든 했는데 이런 내가 동생에게는 잘난 척
하는 언니로 보여 창피했다며 아주 많이 커서 말해 주었다. 그게 아닌
데... 난 단지 선생님 말씀을 잘 따랐을 뿐인데 남도 아닌 동생이 그리
생각했다니 난 그것이 더 놀라웠다. 좀 억울하긴 했지만, 내가 실력이

있는지 없는지 별로 따져보지 않고 주어지면 한 것은 맞다.

그러나 딱 한 사건!! 이건 아마도 은갱이와 나 모두 잊지 못 할 사건일 게다.

아마 그날도 아버지 도시락 심부름 아니었을까, 동생과 함께 아버지 회사에 갔는데 '쌀' 발음을 '살'로 발음하시는 경상도 아저씨가 동생과 나를 찬찬히 보시더니 '커면 니가 더 이쁠끼다'라고 말하는게 아닌가. 난 내 귀를 의심했다. 항상 듣던 소리가 아니어서. 동생도 동생 귀를 의심했을 것이다. 처음으로 언니보다 예쁠 거라는 소리를 들어서. 같은 말에 두 자매는 각각 다른 이유로 놀랐고 각기 마음에 두었다. 세월이 흐른 뒤 그 아저씨 기억나냐고 물으니 똑똑히 기억하고 있다고 동생이 말해 우리 둘이 깔깔 웃은 적이 있다. 은갱, 기억하제?

그 아저씨 말이 적중했다. 은갱이는 고등학생이 되면서 미모가 피기 시작하여 대학생이 되니 더 예뻐졌다. 매일 남학생이 집 앞까지 쫓아올 정도로 예쁜 아가씨가 되었다. 딸 중 엄마 미모를 가장 많이 닮은 친구이다. 지금도 어디에 있든 돋보이는 미모를 간직하고 있다. 속 깊고 말 없어 항상 엄마도 어려워하는 친구이다.

셋째 금주, 희선이라 부르는 것을 더 좋아한다. 딸을 셋 낳고 어느 날 엄마가 서울 갔다 오시면서 우리들의 이름을 모두 바꾸어 오셨다. 원선, 혜선, 희선으로.

난 싫다고 했다. 내 이름 같지 않고 선희보다 미웠다. 은경이도 혜선이가 썩 맘에 들지 않다고 했다. 그러나 우리 셋째는 아주 좋아했다. 그래서 자신을 희선이라 불러달라고 요청했다. 그 뒤로 금주는 희선이가 되었다. 딸만 낳는 것이 이름 때문이라 생각할 수 있는 시대였다. 그 시대는 아들을 낳아야 한다는 생각이 지배적이었으니까. 그래서 셋째는 나름 이름의 수난을 겪었다. 완뚝이라는 이름도 있었다. 동네 아저씨들이 농담 삼아 그렇게 불러야 딸이 뚝 끝나고 다음에 남동생을 볼 수 있다고. 아마도 희선이는 이런 이름들의 테러가 맘에 안 들었을 게다. 그러다 만난 '희선'은 세련되고 어린 아이 귀에도 예쁘게 들렸던 거 같다. 아이가 좋아하니 자연스레 집에서는 희선이라 부르게 되었고 지금도 우리는 희선이라 부르고 있다.

가장 효도를 많이 한 딸이라 생각한다. 특히 아버지를 모시고 전국 방방곡곡을 많이 다닌 딸이다. 난 한 번도 그러지 못했다. 아버지가 좋아 하시는 '목포의 눈물'을 들을 때마다 당신의 젊은 시절 추억이 있는 목포나 유달산을 한 번이라도 모시고 갔다 오지 못함이 맘에 걸렸다. 그나마 희선이가 많이 애써 주어 이 부분 참으로 고맙다. 이것마저도 없었다면 난 더 마음이 힘들었을 거다. 예쁜 마음을 가졌고 섬세한 친

구이다. 공대 쪽 머리가 있어 기계, 자동차, 항공 쪽으로 갔으면 적성을
제대로 살리지 않았을까 하는 아쉬움이 있다. 그 당시만 해도 여자가
이런 쪽을 생각한다는 것 자체가 힘든 시기였다.

막내 지현, 나랑은 9살 차이다. 가끔 이 녀석이 없었다면 어쩔 뻔 했
을까 아찔한 순간이 많다. 무엇이든 언니들 말엔 '네'가 붙는 금쪽같은
동생이다. 특히 아버지가 요양병원에 계실 때 온 맘으로 아버지를 대하
는 모습은 거룩했다. 어느 날 병원에 간 나에게 "언니, 마지막까지 아버
지는 큰 언니 이름은 아는데 나는 모른다"고 했다며 웃으며 전할 때 어
찌나 미안하던지... 그래도 막내는 한결같은 마음으로 아버지 얼굴을
정성껏 닦아주었고 아버지가 좋아하는 노래를 항상 들려주었다. 병원
옆 절에 가서 아버지를 위한 기도를 수시로 드린 속 깊은 막내이다. 의
정부 병원에서 아산병원으로 아버지를 모시는 마지막 길에도 막내는
아빠와 함께 해 준 고마운 동생이다. 막내야~ 언니가 아주 많이 울 막
내에게 고마워하고 있다. 엄마는 막내를 '보살'이라 부르며 가장 이해심
이 깊다고 하신다.

4학년 때 울 막내가 태어났다. 12월 강원도 산골의 겨울은 차다.
그날, 싸락눈이 우리 집 마당과 신작로 내려가는 돌계단에 쌓이고 눈
발도 날렸다. 저녁쯤 엄마에게 진통이 왔다. 아버지는 할아버지가 돌

아가서서 전라도에 가고 안 계셔, 옆집 선미아줌마와 아저씨가 동행 해 주었다.

이불 속 작은 아가는 정말 신기했다. 학교에 가서 막내동생이 태어났다고 자랑을 했다. 막내는 우리 집 막내이자 동네 막둥이로 아저씨 아줌마들의 사랑까지 듬뿍 받고 자랐다. 막내 돌날에 아주머님들이 사준 색동저고리, 빨강 치마에 족두리 쓰고, 작은 버선 코가 앙증맞게 치마 밖으로 쏙 나온 자세로 사람들에 둘러싸여 사진을 찍었다. 그날 돌쟁이 막내동생 모습이 어찌나 귀엽고 예쁘던지 지금도 그날의 풍경이 또렷하게 남아있다. 다음 해 내가 서울로 가면서 막내와의 강원도 추억은 거의 없다. 더욱이 막내가 중학생일 때 내가 결혼을 했으니 큰언니와 심리적 거리는 상당히 컸다. 항상 존댓말을 깍듯이 하고, 큰언니를 다소 어려워한다.

세월이 흘러 울 막내도 50에 들어섰구나. 항상 언니들이 있어 너무 좋다는 막내다. 엄마에게 언니를 세 명이나 주서서 감사하다는 말을 달고 다니는 막내다.

색깔이 다른 딸 넷이 적재적소에서 필요할 때마다 역할 분담이 기가 막히게 잘 되는 자매들이다. 한 번도 자매들이 싸워 본 적이 없다. 네

명의 딸들이 안 닮은 듯 닮아가고 있다. 큰언니 말 정말 잘 듣는 동생들이다. 가끔 바른 말로 언니를 가르치는 동생들이기도 하다.

나이 들어가면서 더 편하게 얘기하는 자매이며, 친구 같은 신 자매들이다. 나 또한 이런 동생들이 셋씩이나 있어 넘 좋고 감사한 큰언니다. 야들아~ 고맙데이. 우리 예쁘게 잘 늙어 가즈아 ~~~.

상동 턱골집 마당에서.(1973년)

서울 이문동집 마당에서. 아빠의 나무 조각작품을 앞에 두고.(1975년)

모처럼 신자매들만 놀러가서 한 컷.(2018년)

막내 지현 돌 사진.(1972년)

할머니 됐어요

2020년 10월 8일 (목)

학교 일정이 끝나갈 무렵 큰아들한테서 문자가 왔다.

건강한 여아를 무사히 낳았다고. 내가 할머니가 된 날이다.

며늘아가의 힘든 산고, 그 옆에서 같이 애쓴 울 아들, 세상 밖으로
나오려고 애쓴 울 손녀. 무사히 나와 주어 너무 고맙구나. 모두 수고
많았다.

어떤 녀석이 너희를 보러

이 먼 길을 오려는지

봄이 오는 길목서 접한 소식에

기쁜 맘 새록새록 쌓이는구나

귀한 손님이라 해야 하나

너희를 엄마 아빠 삼아

우리를 보러 오는 그 녀석 말이다.

아주아주 작은 소리로

조용조용 말해 본다.

환영한다.

건강하게 엄마 뱃속에 잘 있다 가을이 올 때 만나자

이 멋진 세상 우리를 만나러 오는 여정

무탈하게 잘 오너라

2020. 2. 29 (토) 할머니가

루아야~

가을 하늘이 참 예쁘구나.

잘 지내고 있니?

오늘도 어린이 집 갔겠구나.

너무 빨리 어린이 집 보낸 게 아닌가 걱정하는 할머니에게

앞으로 사회생활을 위해 어린이 집 서두르는 것도 괜찮다

하는구나.

루아는 엄마 아빠의 딸이라 부모의 결정이 무엇보다도 우선임을 할

머니는 인정한다. 안으로는 많이 짠했다. 그래도 잘 적응하며 다닌

다니 너무 기특하고 놀랍고 고마웠다.

얼마 전 루아 돌잔치 했는데 기억하나?
1년 동안 엄마 아빠가 우리 루아를 건강하고 예쁘게 잘 키웠단다.
엄마 아빠께 감사해야겠지. 할머도 그날 정말 고맙고 기뻤단다.

이제 막 엄마 뱃속에서 나온 작은 아가가 목을 가누고, 뒤집고, 기고, 일어나고, 걷기까지 얼마나 많은 부모의 애씀이 있어야 하는지 직접 부모가 되어가면서 알게 되지. 부모 되느라 고생이 많다고 하면 루아가 잘 커주고 있어 감사하다고, 루아가 웃어주면 피곤이 싹 달아나고 힐링이 된다며 루아 기르는 힘듦보다는 기쁨을 더 많이 말하더구나. 정말 기특하고 고마운 엄마 아빠다.

루아야.
아직 루아가 어떤 성격의 아이인지 정확히 모르나 정말 예쁜 마음을 가진 아이란 생각이 들었다. 잘 웃고 사람들에 대한 호기심도 많고 한 사람 한 사람 너만의 마음 씀이 보였단다. 돌날, 외할아버지와 친할아버지한테 어쩜 그리 예쁜 미소를 보낼 수 있니. 한 사람 한 사람 눈을 바라보며 너만의 트레이드 마크인 '찡긋 웃음'을 짓는 모습이 너무 사랑스럽고 예뻐 눈물이 날 뻔 했다. 아마도 너의 예쁜 마음이 만들어 낸 미소 라는 생각이 들었다.

루아야.
내년 1월이면 동생이 태어나 언니가 되는구나. 15개월 차이라 두 녀석이 어떤 모습으로 클지 상상만으로도 즐겁고 행복하단다. 아마도 루아를 닮은 동생이 아닐까? 보석이고 천사들이다. 어떤 단어로도 너희들의 존재를 대신하기가 어렵구나. 그저 고맙고 고마울 뿐이다.

내년 1월 엄마가 동생 낳으러 병원에 갔다 산후조리원에 가 있는 동안 할머니랑 살게 되는데 잘 지냈으면 좋겠다. 늘 엄마 아빠와 함께 지내다 할머니 할아버지와 있어 놀라지는 않을지 혹여나 울지는 않을지 걱정되는구나. 할아버지는 루아가 참 영리하고 똑똑한 아이라고 늘 말씀하시는데 영리하게 힘든 시간 잘 이겨내 보자. 할머니가 많이 도와줄게.

언제나 루아를 응원한다. 사랑한다. 오늘도 건강히 잘 지내자.

2021. 10. 29 (금) 할머니가

안녕~ 단아. 할머니야.

단아가 우리 집 식구가 된다는 소식을 듣고 할머니는 코 끝이 찡하고 눈물이 났다.
엄마가 아가를 낳은 지 얼마 안 되어 새로운 식구가 또 생긴다는 소식은 놀랍고 반가웠다.

할머니가 단아 엄마를 안아 주었지. 두 가지 감정이 동시에 왔단다.

하나는 올 며느리가 또 힘든 과정을 겪겠구나 하는 안쓰러움과
또 한 명의 귀한 손님이 우리 식구로 온다는 기쁨이 겹쳐와 가슴이
뻐근했다.

단아야~ 너에겐 루아 언니가 있단다. 2살 터울. 정확히는 15개
월 차이지.
자매끼리 서로 의지하며 예쁘게 클 거 같아 할머니는 벌써부터 가슴이
'쿵쾅' 거리는구나.
어떤 모습과 어떤 색깔의 아이들일까. 커가는 너희들 모습이 몹시
궁금하구나.
루아 언니는 '찡긋' 웃음이 아주 매력적이란다. 호기심도 많아 여기저기
찬찬히 보기도 하지. 지금은 단아가 엄마랑 산후조리원에 있어 할머
니 집에 와 있단다. 처음 엄마 아빠랑 떨어져 생활해 걱정을 많이 했
는데 생각보다 루아 언니가 잘 지내고 있어 할머니도 좋구나.

내년 이맘 때면 단아도 돌을 맞겠구나. 루아 언니까지 풍성한 가족
사진이 될 거 같다.

단아야~ 건강하게 세상에 나와 주어 정말 고맙다. 할머니는 하나보
다 둘이 좋구나. 셋도 좋을 거 같다. 루아도 단아도 서로가 있어 좋
다는 걸 살다 보면 알게 될 거야. 할머니는 동생이 셋이나 있어 좋은
점이 아주 많거든.

단아야~ 오늘 엄마랑 산후조리원에서 나와 집으로 잘 왔다고 아
빠가 전해 주는구나. 사실 루아 언니도 너를 보러 가려 했는데 그

만 콧물 감기가 걸려 아직 할머니 집에 있단다. 잘 나아서 곧 보러 갈게. 단아와 루아의 첫 대면이 어떨지 기대가 되는구나.

아마도 올해 단아와 루아 언니 키우느라 엄마, 아빠가 가장 힘든 해가 될 거야.
밤에 잘 자고, 아프지 말고, 씩씩하게 잘 자라자. 그것이 엄마 아빠 도와주는 거야. 알겠지ロ 잘 크자. 옆에서 할머니도 열심히 도와줄게.

단아야~ 다시 한번 두 팔 벌려 환영한다. 만나서 반갑고 우리 식구로 와 줘 고맙데야

2022. 1. 20 (목) 단아로 인해 부자가 된 할머니가

선미 아줌마

선미 아줌마는 내 친구 선미의 엄마다. 아버지들은 입사 동기였으며 엄마가 처음 상동에 들어와 아무 것도 모를 새댁일 때 연탄불 피우는 것부터 밥 짓는 것까지 도와주신 분이다. 엄마는 지금도 말씀하신다. 선미 아줌마가 아니었다면 강원도 생활이 힘들었을 거라고. 전라도 평야지대에서 자란 엄마에게 문 열면 바로 코 앞까지 다가선 강원도 산들은 엄마를 답답하게 했다. 이 시기에 세 살 위인 아줌마를 언니처럼 의지하며 살았다고 하신다. 우리가 불 났을 때도 방 한 칸을 내 주신 분이다. 우리가 상동을 떠날 때까지 우리 옆집으로 그리고 서울에 와서도 엄마와는 자주 만나며 지내셨다.

엄마는 몸이 약했다. 아침에 일어나지 못 한 날이 많았다. 엄마가 아프면 집안이 차다.

'왜 우리 엄마는 자주 아플까?' 그런 날은 마음이 많이 울적했다.

소풍 날이었다. 그날도 엄마는 아프셔서 일어나지 못하셨다. 도시락 없는 소풍이 될 거 같아 우울해 있는 나에게 아줌마는 김밥 도시락을 만들어 주셨다. 얼마나 기쁜지 도시락을 들고 뛰면서 '아줌마~ 이 다음에 내가 맛있는 거 많이 사 드릴게요. 10번 아니 100번 사 드릴게요.' 그때의 뜨거운 감사함이 아직 내 안에 있는데 정작 난 아줌마께 맛있는 밥 한끼 못 사드렸다.

내가 결혼한 해 돌아가셨다. 내 결혼식장에서 뵌 모습이 마지막 모습이 된 것이다. 엄마는 차마 아줌마가 돌아가셨다고 나한테 알리지 못했다. 내가 아줌마를 좋아하는 걸 알았기에 그리고 내가 임신 중이라 그랬노라고. 아줌마가 돌아가시고 석 달이 지난 어느 날 엄마는 조심스럽게 아줌마의 죽음을 전했다. 너무나 안타깝고 아쉽고 죄송해서 엉엉 울었다.

아줌마는 엄마가 아플 때마다 우리를 챙겨주셨다. 긴 신작로를 내려가 산길을 돌고 돌아가는 시장 길에도, 설날 방앗간에서 가래떡을 뽑아 이고 오는 밤길에도 아줌마는 늘 우리 엄마의 짐을 들어 주셨다. 바지런하셨고 음식도 뚝딱 잘 만들어 주셨다. 바쁜 삶 속에서도 부엌 문 앞 꽃밭을 만들어 꽃 이름과 꽃 향기를 알게 해 준 분이다. 나에게 아줌마는 아프지도 않고 무엇이든 척척 잘 만들고 해결해 주시는 그런 분이었다. 너무나 고마운 분이다.

아줌마~ 보고 싶어요. 엄마도 아줌마가 계셨다면 얼마나 좋겠냐며 많이 말씀 하십니다. 얼마 전 선미 딸 결혼식(아줌마 손녀 딸)에 갔다 오면서도 아줌마 얘기 많이 하면서 갔다 왔습니다. 좋은 날 아줌마가 더 많이 생각납니다.

백합꽃 당신

보고 싶습니다.
너무나도 그럽습니다.

그리운 향기가 부엌 문 앞 꽃밭으로 데려 갑니다.
백합, 채송화, 봉숭아, 맨드라미

그 꽃들이 그럽습니다.
당신이 그럽습니다.
나에게
백합의 향기를
사랑하는 마음을
선물하고 가신 당신이
오늘, 너무나 그럽고 보고 싶습니다.

2016. 5. 12 (금)

선미야~

학부모회에서 스승의 날이라 보내 온 꽃바구니 속 백합 향이 며칠 째 교무실에 은은하다.

요즘 같이 속성으로 꽃을 피우는 시대에 진정한 꽃 향기를 잊은 지 오래인데….

꽃꽂이 속 백합 향이 이렇게 은은히 오래 가다니 다소 놀랍다. 문득 너의 어머니가 생각났다. 나에게 백합은 선미 아줌마. 너의 어머님이 시다. 아줌마를 그리며 시 한 편 써 봤다.

유치원 소풍날
(선미아줌마, 선미, 울엄마, 나)

유치원 졸업식날
(선미아줌마, 엄마, 양쪽엔 선생님)

60년 내 친구

나에겐 내 나이만큼 함께 한 친구가 있다. 선미다.

내가 이 친구를 기억하는 건 6살 유치원 시절부터다. 유치원 사진 속 옆엔 항상 선미가 있다. 유치원 간식시간 단발머리 선미는 한쪽 머리를 귀 뒤로 넘기고 우유 마시는데 집중하고 있고 난 앞을 보고 있는 그 옛날 순간이 흑백사진으로 남아 있다. 율동을 할 때도, 선생님 결혼식 화동으로 원주 성당에 갔을 때도, 상동문화회관 다리 위에서도, 유치원 계단 졸업식 사진 속에도 선미는 항상 나와 함께 있다.

국민학교 1학년, 학교에서 불주사(우두)를 맞느라 난리법석이 났다. 어찌나 아픈지 맞는 아이마다 펄쩍펄쩍 뛰고 울고 불고 그런 난리통이 없었다. 점점 내 차례가 오자 난 너무 겁이 났다. 지금도 그때의 공포가 생각날 정도이다. 내 앞에 선미가 서 있었고 선미가 먼저 맞았다. 선미도 펄쩍펄쩍 뛰리라 예상했는데 내 친구 선미는 너무도 의연했다. 난 충격이었다. 난 내 불주사보다 별일 아니라는 듯 책가방을 매고 운동장으로 걸어가는 선미한테 더 놀라 펄쩍 뛰는 것을 놓쳐 버렸다. 울지도 못했다. 정확하게 친구의 의연함에 질려 찍 소리도 못하고 선미처럼 책가방을 챙겨 나왔다. 지금도 왼쪽 어깨 위에 불주사 자국이 있다. 지독

한 가시나, 평생 흉터를 남길 정도로 센 주사를 어린 것이 그렇게 의연하게 맞다니. 독하다. 그 모습을 잊지 못한다.

국민학교 4학년. 선미는 달리기 선수다. 운동회의 하이라이트는 계주 아닌가. 선미는 항상 선수였다. 그때 운동회는 전 학년이 청군, 백군 두 팀으로 나뉘어 하루 종일 운동장에서 동네 잔치로 치러진다. 행진, 준비운동, 저학년 동생들의 꼭두각시춤, 학년이 올라갈 수록 춤의 난이도도 달라진다. 마스게임, 체조, 기마전, 오재미(콩주머니)던지기, 줄다리기, 계주 등으로 정말 푸짐한 하루를 보낸다.

그날 모든 사람의 시선이 마지막 계주에 몰려 있었다. 내 친구 선미는 줄에 서서 자신의 바통을 기다리고 있었다. 바통을 이어받은 선미는 앞만 보며 '쌩~ ' 하니 달렸다. 역시 잘 달린다!!! 그런데 아뿔싸!!! 선미의 치마가 그만 홀렁 내려왔다. 순간 모든 것이 정지된 화면처럼 다가왔다. 어쩌나, 보는 내가 더 당황스럽고 안타까웠다. 그런데 내 친구 선미는 너무도 침착하게 내려진 치마를 아무 일도 없다는 듯 잽싸게 올려 한 손으로 야무지게 부여 잡고는 더 세게 더 힘차게 앞을 향해 달려 나가는게 아닌가. 와~~~ 그 당황 된 순간에도 흔들림 없이 뛰는데 집중한 어린 선미의 모습을 난 잊을 수가 없다. 불주사 이후 두 번째 내 친구 선미에게 놀라 자빠지는 순간이었다.

지금 선미와는 매일 만난다. 같은 직장에 근무하고 있고 집도 아주 가깝다. 내 작은아이와 선미 큰아이가 학년이 같아 중학교때부터 고등학교까지 아이들 영어를 가르쳐 주었다. 학교 생활에 피곤하기도 했을 텐데 일주일에 두 번씩 거른 적이 없다. 독한 기가 여기서도 발휘되는 순간이다. 덕분에 올 둘째 아이 영어는 거저 얻었으니 감사할 뿐이다. 어릴 적 인연이 지금 이 순간에도 계속되다니. 우리는 둘 다 말한다. 복 받은 사람들이라고. 엄청난 선물을 받은 사람들이라고. 이 또한 감사하고 감사할 뿐이다.

밤 늦게 선미가 좋은 글이라며 '아버지의 애인(愛人)' 이란 글을 보내왔다.

며칠 전 몹시 속상한 일로 집에 가다 말고 다시 돌아와 학교 앞에서 긴 얘기와 함께 저녁도 먹고 커피도 마셨다. 어떤 말을 해도 편안히 집에 돌아갈 수 있는 친구여서 우리는 수시로 만나 시시콜콜한 이야기를 나눈다. 친구이며 자매 같고 이제는 애인 같은 친구가 되나 보다.

상동문화회관 앞 다리 위에서.
선미와 나.(1967년)

학교 교정에서.
선미와 나.(2021년)

내 친구 선미에게.

함께 나이 들어가는 친구와
매일 만나고
힘들 때마다 아무 때나 불러낼 수 있어
난 정말 행복한 사람입니다.

늦은 밤 불쑥 찾아가도
따뜻한 밥 한 그릇 뚝딱 내놓는 친구가 있어
난 정말 행복한 사람입니다.

여기 저기 신경 쓰느라 자신은
늘 뒷전인 내 친구 선미야~
어릴 적 상동문화회관 앞 다리 위에서 잡은 손
늙어가면서도 꼬~옥 잡고 가세

나이 듦이 때론 두렵지만
애인(愛人) 같은 친구가 있어
늘 감사하며 산다네
그러니 너무 속상해 하지 말게나.   (2018. 03. 23)

내 안의 DNA

강원도산(産)이라 난 태어날 때부터 자연 속에서 자랐다. 감사한 일이고 축복받은 일이다.

서울생활을 하며 멀어졌지만 내 몸 속에는 자연 속에서 뛰놀던 DNA가 숨 쉬고 있다.

2020년 5월. 늦은 나이에 산악회에 가입했다.

한달에 한번 한국의 100대 명산을 다니는 산악회이다.

한 번도 결석하지 않더라도 족히 10년을 다녀야 한다. 내 나이에 10을 보태 본다.

가능은 할까? 암튼 이 나이에 다리 부러질 일 있냐며 말리는 소리 뒤로 하고 들어갔다.

몇 해 전 내리 3년 동안 대청봉에 갔다 내려오는 길에 희운각 대피소로 틀면서 바라 본

'공룡능선' 그 길에 대한 로망이 산악회에 들어간 가장 큰 이유였다.

20년 전, 체력단련 겸 친목도모를 위해 교사동아리를 만들어 시험 때마다 주변 산을 다녔다. 나름 재밌고 즐거운 시간이었다. 그러나 10년이 지나면서 많은 선생님들이 산보다는 둘레길을 선호하게 되었고 흐

르는 시간과 함께 선생님들도 한 분, 두 분 학교를 떠났다. 거기에 코로나 사태까지 겹치며 학교에서의 산 활동은 거의 폐업상태가 되었다.

그 무렵 엔젤님을 만났다. 아이들 어렸을 적 동네 어린이 책방에서 동네 친구로 알고 지낸 사이였으나 그렇게 산을 잘 타는 분인 줄 몰랐다. 그분의 산 이야기를 듣노라니 엄청 부러웠다. 결국은 내 안에 잠자고 있던 DNA가 발동 되었다. 그렇게 작년 5월, 월악산 산행을 시작으로 산악회 활동을 시작했다. 강화도 문수산, 북한산 종주, 소백산을 거쳐 드디어 6월 설악 공룡능선에 입성하게 된다.

밤 12시, 출발하는 버스에서 잠깐 눈을 붙일까 했으나 불가능했다. 새벽 3시 30분 설악동에 도착하여 설악산을 올랐다. 헤드라이트를 달고 캄캄한 새벽에 산을 오르다니 처음 해 본 새벽 산행이 신선했다. 비선대를 지나 천불동 계단을 딛고 서니 산 꼭대기부터 서서히 동이 트고 있었다. 그 모습은 직접 보지 않고서는 느낄 수 없는 풍경이다. 예뻤다. 소리없이 빠르게 산을 타고 내려오는 아침 햇살이 자고 있는 설악을 부드럽게 깨우고 있었다. 점점 밝아오는 설악 속으로 올라가며 만난 무너미 고개, 잘 올라가던 내가 무너미 고개에서 무너지는 줄 알았다. 공룡능선 입구까지 가는 길도 쉽지 않다. 잠깐의 휴식 시간을 갖고 드디어 공룡능선으로 들어섰다. 늘 바라만 보던 길을 막상 들어가려니 마치 무대에 오르듯 떨렸다. 처음 만난 신선대의 설악은 사진 속에 많이 등장하는 설악의 모습이었다. 실제 눈으로 확인하니 그 자체가 감동이다. 공룡은 처음부터 끝까지 바위와 돌로 오르락 내리락 만만찮은 능선 길이다. 그래서 엔젤님이 혼자서는 안 되는 길이라 했구나. 그러나 험한 초행길이라도 함께하는 동지들이 있어 든든했고, 한걸음 한걸음 흥분된 마음으로 공룡능선을 밟았다. 점심을 먹고 올려다 본 1275봉 꼭대기를 대장님 따라 올라 가 볼까 생각도 들었지만 초행길에 지나친 욕심일 수 있어 바로 접었다. 다음을 기약했으나 그날이 언제가 될지는 모르겠다. 오르락 내리락 돌 구간을 얼마나 걸었을까 마등령 가는 길에 구름을 만났다. 순식간에 몰려온 구름이 설악 봉우리에 걸리니 한 폭의 산수화가 눈 앞에 펼쳐진다. '그래, 이 맛이지!!' 감탄이 절로 나왔다. 산에 오르지 않으면 결코 볼 수 없는 이 순간을 사랑한다. 산에서 만나는 야생화, 나무, 바람, 하늘 이 모든 것이 산을 오르는 이유다. 산에서 보는 세상은 다르다. 마등령 삼거리에서 공룡능선은 끝나며 하산길로 접어든다. 오세암과 비선대를 고민하다 비선대 길을 택했다. 철계단 내려가기 전 지나 온 공룡의 능선들을 쭈욱 한번 더 눈에 담았다. 또 언제 이곳을 오랴. 마음은 해마다 오고 싶으나 그리 쉽지는 않을 것이다. 비선대 하산 길은 급경사의 돌계단이 처음부터 끝까지 쏟아져 내리는 지루하면서도 험한 길이다. 엄청난 집중력과 인내심, 체력이 요구되는 길이다. 이 길로 오른다는 것은 거의 죽음 아닐까. 담에 공룡을 오더라도

이 길은 피하고 싶다는 생각이 들었다. 체력이 거의 바닥을 칠 무렵 새벽에 출발한 설악동에 무사히 안착했다. 13시간의 나의 첫 공룡능선산행이 산악회 덕에 잘 끝났다.

공룡능선 이후 계속 산행에 참여했다. 늦은 나이에 신나는 놀이감을 만난 것이다. 선운산, 축령산, 삼악산, 수락산, 북한산 해부 산행, 계방산, 한양도성 종주, 태백산, 속리산, 북설악 신선대, 월 2~3회 산행이 계속 잡혔다. 그러다 여섯 번째 북한산 해부 산행 에서 난 멈출 수 밖에 없었다. 정릉 매표소에서 출발하여 진관사로 내려오는 코스였다. 6월의 초록이 산행을 반겼다. 보국문, 대성문, 대남문, 문수봉을 지나 준비해 온 점심도 맛나게 먹고, 승가봉을 거쳐 비봉에 올랐다. 비봉에 있는 진흥왕순수비가 모조이긴 하나 그 옛날 탁본을 뜨러 비봉에 오른 추사 김정희도 생각하며, 잠시 비봉에 앉아 서울을 내려 보았다. 산을 타다 멋진 풍경을 보고 있노라면 시간이 멎은 듯 기분 좋은 나른 함이 올 때가 있다. 그날 비봉에서 그랬다. 기분에 너무 취했나 난 진관사를 얼마 앞둔 시점에서 그만 오른쪽 복사뼈가 골절되는 사고를 당했다. 이 나이에 산악회 들어가 다리 부러질 일 있냐며 염려하던 일이 현실로 나타난 것이다. 그러나 그 순간 발목 부상 정도 보다 다음 산행을 하지 못한다는 서운함과 다음 산행지인 덕유산, 지리산이 저 멀리 멀리 날아가 버리는 것이 더 속상했다.

철심을 대고 나사가 4개씩 양쪽에 박혔다. 철심을 제거하는 수술까지 족히 1년의 시간이 걸린다고 한다. 속상하기 이를 데 없다. 다시 신나게 산을 탈 수는 있을까? 모르겠다. 철심을 떼어봐야 알 거 같다. 맘은 지금도 산을 오르고 있는데….

산악회는 확실히 달랐다. 산을 타는 강도며 함께하는 동지들의 실력이며 나에게는 더 없이 좋은 기회였다. 산을 타다 불쑥불쑥 어린 나를 만나는 재미도 쏠쏠하다. 수락산 암벽을 탈 때도 겨울 계방산을 누빌 때도 어린 시절 강원도 동네 산을 누비던 내가 톡톡 튀어나왔다. 아항~ 내가 이렇게 놀았지. 소리도 질러 보고 눈 속에 온 몸을 던져 푹푹 빠져도 보았다. 하얀 눈 속에 누워 본 게 몇 년 만인가. 겨울이 긴 강원도 눈밭에 학교 오가다 온 몸 던져 눈 속에 빠진 일들이 어제 일인 냥 신났다. 어찌나 웃음이 나오던지. 신나게 한바탕 웃고 산을 내려왔다. 어른 놀이동산에서 실컷 놀고 내려오는 그 맛이란.

나 없이도 산악회는 영남알프스 종주에 은화도 받고, 지리산 종주까지 너무 잘 돌아가고 있다. 이제는 종주가 아니면 산을 안 타려는 지 갑자기 걱정이 든다. 대장님~ 진도 살살 빼 주이소. 철심 떼고 따라갈 수 있게….

나무가 좋다

가끔 나무를 안아 준다. 묵묵히 서 있는 모습이 안쓰럽고 대견하다. 산소를 만들어 주고 이산화탄소를 마셔주는 나무가 그저 고맙다.

나무가 있어 산에 간다. 숲을 걸으면 마음이 차분해진다. 숲의 향기가 생각을 깊게 한다.

봄 여름 가을 겨울 사계절을 온 몸으로 맞으며 나무는 소리없이 인생을 얘기해 주고 있다. 오늘도 창문 밖 노란 은행잎은 나에게 한 해를 마무리 지을 시점이 왔다고 알리고 있다. 언제부턴가 앙상한 가지들만 남은 겨울 산이 멋지게 다가왔다. 그리고 앙상한 저 가지 끝에 생명을 매달고 있음이 보였다.

엄마가 아버지의 장례를 수목장으로 결정하고 찾아 간 곳에 자리를 정해야 했다. 이제 막 수목장, 잔디장을 조성하고 있는 곳이라 썰렁했다. 조금은 언덕지고 한적한 곳에 커다란 상수리 나무 한 그루가 눈에 들어왔다. 끌렸다. 왠지 수호신처럼 든든해 보였다. 그곳에 아버지 자리를 잡았다. 아버지를 묻고 오는 날, 그 나무 안고 부탁했다. 울 아빠잘 지켜달라고. 혹 좋아하시는 노래 부르러 오시거든 든든한 나뭇가지하나 내어 드리라고….

살다 보면 나도 모르게 눈물이 주르륵 날 때가 있다. 반드시 이유가 있어야 하는 건 아닌 것 같다. 나의 내면 어느 깊은 곳으로 내려가면 그 이유를 알까 내가 인지하지 못하는 눈물이 날 때가 있다. 어느 봄날 벚꽃을 보고 그랬다.

나에겐 한 그루 벚꽃나무 친구가 있다. 가끔 친구들에게 내 나무를 보러 가자 한다. 그러면 그들은 내가 심은 나무인 줄 안다. "아니, 내가 친구했어."

마음이 힘든 때였다. 그럴 땐 난 걷는다. 햇빛도 받고, 바람도 느끼고, 하늘도 보고, 나뭇잎들을 보며 걷다 보면 생각도 정리되고 맘도 편해진다. 그 날도 열심히 걷고 있었다. 봄날이었다. 사람들의 탄식 소리에 고개를 드니 펄펄 눈이 날리고 있었다. 이 봄에 눈이라니. 바람에 휘몰아치듯 눈이 날아다녔다. 춤을 추고 있었다. '와~ 이건 뭐지?' 난생 처음 본 광경에 짧은 비명이 절로 나왔다. 한겨울에 눈 오듯 벚꽃이 휘날리고 있었다. 꽃들의 군무는 세 개의 아름드리 벚나무에서 시작되고 있었다. 입을 쩍 벌리고 넋 놓고 보고 있는데 유독 한 그루가 눈에 들어왔다. 굵고 듬직한 모습이 맘에 들었다. 다짜고짜 '친구 할까?' 참으로 즉흥적인 제안이었다. 살면서 단 한 번도 생각해 본 적 없는 나무 친구가 생긴 것이다. 엉뚱한 내 생각이 재밌다. 큰 공원 안 멋진 벚나무 한 그루 내 친구가 되었다. 생각만으로도 부자가 된 거 같다. 죽으면 저 나무 밑에 묻어달라 할까? 이런 생각도 들었다.

지금도 난 가끔 내 벚꽃나무를 보러 간다. 그 옛날 감탄하며 바라 본 그 자리에 서서 친구를 내려다 본다. 안부도 묻고 그동안 밀린 얘기도 한다. 돌아오는 길은 언제나 마음이 그득하다. 엄청난 보물 하나 내 안에 갖고 있는 기분이다.

굿 바이 나의 미루나무

그날은 유난히 햇빛이 강했다. 햇빛에 반사된 초록 잎들이 어찌나 팔랑대는지 수업 들어가는 나를 멈춰 세웠다. 나무가지 위 까치집 두어 채가 바람에 같이 흔들리고 있었다.

어릴 적 턱골집 마루에 앉아 아빠를 엄마를 기다리며 모가지 길게 뽑고 하염없이 바라본 신작로 그 끝에도 미루나무가 있었다. 먼지 폴폴 날리며 외할머니집 가는 길에도 미루나무가 있었다. 기차 타러 석항 가는 길 양쪽으로도 미루나무들이 길게 늘어 서 있었다. 미루나무 꼭대기에 조각 구름이 걸려 있네. 솔바람이 불고 와서 걸쳐 놓고 도망갔어요. ♬ 선생님의 풍금 소리에 입을 쫑긋쫑긋 모아가며 부른 동요 속에도 미루나무가 있었다.

언제부터 그 자리에 서 있었을까? 왜 오늘에야 보게 되었을까? 강원도를 떠난 지 꽤 오래 되어 잊어버리고 있었는데 그날 그렇게 팔랑이며 내 고향 미루나무가 나에게 왔다.

그날 이후 난 복도를 지날 때마다 창문 너머 까치둥지 이고 있는 미루나무에게 인사를 했다. '잘 잤나?' '잘 지내고 있지?' 바빠서 스윽 스윽 지나치는 날도 있지만 생각나 쳐다보면 어느 날은 미소로 어느 날은 요란한 몸짓으로 인사를 건넸다. 볼 때마다 고향 생각이 절로 났다. 아련한 추억에 잠시 젖어 나만의 미소를 짓기도 하고, 때론 짧은 시간여행을 초스피드로 하기도 했다. 연초록 잎이 갈색으로 그리고 몇 번의 하얀 눈을 이고 지고 넘었을까 주변이 수상했다. 한 집 두 집 이사를 가더니 어느새 아파트 단지는 재개발로 텅 비워졌다. 약간의 불안감은 있었지만 학교 쪽에 가까웠고 무엇보다 아파트 단지에서 많이 비껴나 있어 별일 없을 거라 생각했다.

그러나, 오늘 아침, 나의 미루나무는 밑동이 잘린 채 옆으로 쓰러져 있었다.
헉!!! 이럴 수가... 주말 사이에 죽임을 당했다. 작별 인사도 못했는데...

굳이 잘라야 했을까? 아파트가 생기기 전 어쩜 마을이 생기기 그 이전부터 이곳에 서서 마을의 모든 걸 품고 있었을 텐데. 한 치의 망설임도 없이 싹둑 베어 버리다니. 새 것에 밀려 기존의 가치는 따져보지도 않고 확 밀어 버린단 말인가. 무식한 결정에 분노가 치밀었다. 뛰쳐나가 잘려진 밑동을 바라보니 맘이 더 아파왔다. 그냥 둬도 괜찮을 나무인데... 들숨 날숨을 몇 번이나 들어 마셨건만 진정 되지 않았다.

고무실로 올라와 마음을 진정시켜려 글을 쓰고 있다. 널 지켜주지 못해 미안하구나. 그동안 너를 보며 그리워했던 시간들. 혼자 만끽 한 소소한 즐거움. 모두 맘 한 켠으로 접는다. 고마웠다. 나의 미루나무야~ 굿 바이. (2016. 09)

바람같이 살다가 가라 하네

교사 연수에서 자신을 자연으로 표현하여 소개하라는 과제가 주어졌다. 이런 과제는 참 힘들다. 한 번도 생각한 적이 없는 질문이라 당혹스럽다.

문득 문화센터 가곡 반에서 배운 노래가 생각났다.

> 청산은 나를 보고 말없이 살라 하고
> 창공은 나를 보고 티없이 살라 하네
> 성냄도 벗어 놓고 탐욕도 벗어 놓고
> 물 같이 바람 같이 살다가 가라 하네.

고려 후기 고승 나옹 선사의 시이다.
이 노래를 부르다 울컥했다. 시대를 뛰어 넘어 울림을 주다니…

청산, 창공, 물, 바람 다 나름 괜찮다. 생각하다 난 포스트잇에 '바람'이라 적었다.
TV에서 청산도 청 보리밭을 봤다. 멋진 초록의 물결이 한 폭의 그림 같았다. 저건 바람의 작품이다. 바람이 없다면 청 보리밭의 보리들은 심어진 채로 서 있기만 할 텐데. 바람이 지나면서 이리 굴리고 저리 굴려가며 하나하나 건드려 주니 청보리가 건강하게 자라고 있지 않는가. 그러다 스치듯 휘~익 지나가 버리는 쿨한 뒷모습까지 맘에 든다. 그래 바람같이 살다가 가는 거로.

'물 같이 바람 같이 살다가 가라 하네' 요즘도 가끔 흥얼거린다.
트롯경연에서 태연이가 '바람 길'을 부를 때 어찌나 가사가 좋은 지한 동안 많이 들었다.

길을 걷는다
끝이 없는 이 길
걷다가 울다가
서러워서 웃는다

'서러워서 웃는다'가 제대로 내 맘에 와 박혔다. 얼마나 서러워서 웃을까. 오래 전 이어령 교수님의 글을 읽다 맘에 들어 내 카톡 프로필에 써 놓은 문장이 있다. '삶이란 멈추지 않고 끝없이 가는 길'. 살다가 멈추고 싶은 순간이 와도 끝까지 살아내는게 삶이라고 말하는 거 같았다.

'바람 길'도 서러워도 그것을 뛰어넘어 살아내라고 말하는 거 같았다.

바람처럼 그리고 끝까지 현실을 넘어 그 너머를 볼 수 있는 마음으로 세상을 살다가 가는 거로.

음~파에 도전

중고등학교 시절 체육시간을 좋아한 아이였다. 체육대회 때 반 대표는 당연했다. 체력장 땐 점수가 남아 돌았다. 무용과, 체육과 가라는 선생님들의 권유를 중고등학교 때 모두 들었다. 그때 더 귀담아 들을 것을. 좋아하는 것으로만 알았지 전공할 생각은 하지 못했다. 요즘은 전공을 했어도 괜찮지 않았을까 싶다. 그래서일까 나이 들어도 난 계속 운동하는 것을 좋아한다.

50이 넘어 새벽 수영을 시작했다. 태어나 자란 곳이 강원도 산골이다 보니 여름이 짧고 겨울이 길었다. 11월부터 내린 눈은 그 다음 해 3월까지 길바닥에 남아 있다. 자연스레 썰매와 스케이트에 익숙한 환경이다. 수영 배울 기회가 없었다. 언젠가 수영은 꼭 배우리라 생각하고 있었으나 시간 내기가 쉽지 않았다. 둘째 녀석이 대학에 들어가고 나서야 시간적 여유가 조금 생겼으나 퇴근 후에 무엇을 한다는 것은 역시 어려웠다. 과감히 잠을 줄이고 새벽 수영을 선택했다. 쉰 셋에 시작하여 지금까지 하고 있으니 감사할 뿐이다

수영을 하면서 소중한 것을 많이 배우고 있다. 매일 꾸준히 한다는 것의 저력과 포기하지 않고 계속하다 보면 된다는 것. 새벽마다 자신

과의 짧은 갈등을 박차고 나서기가 쉽지 않지만 새벽 공기가 주는 상쾌함과 매일 과제 하나를 완수하고 시작하는 즐거움이 있다. 음~파부터 시작한 수영이 지금은 모든 영법을 따라 하고 있다. 그러나 부족함 투성이다. 쉽지 않다. 8년 동안 초보레인 다음 레인에 머물고 있는 실력이다. 그래도 매주 토요일 자유 수영에서는 나름 목표를 세우고 돌고 있다.

처음엔 5바퀴도 힘들었다. 그러나 지금은 20바퀴를 돌고 있다. 목표는 30바퀴이다. 할 수 있을지는 나도 모른다. 그냥 던져보는 것이다. 목표가 있으면 지금 하는 일이 즐겁다.

매일 매주 나만의 체력을 쌓고 있다 생각하면 그것도 즐겁다. 시작하고 꾸준히 하다 보니 할 수 있게 되었다. 늦은 나이라고 시작하지 않았다면 아무 변화도 없었을 것이다. 수영 덕에 산악회 활동이나 마라톤 도전도 가능했다고 본다. 한 해 한 해 갈수록 나이가 들고 체력도 떨어지겠지만 미리 걱정하지 않으려 한다. 그 시간은 언젠가는 올 것이니 당겨서 걱정할 필요는 없다.

내가 오늘 이 시간 이 곳에서 이만큼 할 수 있음에 감사하며 오직 주어진 시간에 최선을 다하려 한다. 올해 평영을 하다 옆 레인 누군가의 발과 또 부딪혔다. 수영하면서 두 번째 발가락 골절이다.

그리고 6월, 산에서 발목 골절까지 올해는 이런저런 이유로 수영을 못한 날이 더 많다. 매일 같은 하루일 거라 생각하나 매일 같지 않다는 것도 절절히 배우고 있는 중이다. 눈이 반쯤 떠진 상태에서 발은 자동으로 수영장을 향하고 입은 주저리 주저리 읊은다. 오늘도 저에게 새로운 하루를 주셔서 감사합니다. 오늘도 잘 살아 보겠습니다. 머리는 바지런하게 나의 하루를 그리고 있다.

춘마, 그게 뭔데?

걷는 걸 좋아한다. 어렸을 때부터 교통수단이 없는 곳에서 자라서인지 그 먼 유치원 길도 어린 아이가 눈비 맞아가며 걸어 다녔다. 스케이트 타러 갈 때도 국민학교 다닐 때도 산길을 몇 번씩 구비구비 돌았다. 걷는 게 일상이었다. 그 힘인가, 난 아직도 걷는 것을 두려워하지 않는다. 뛰는 건 못한다. 체력장 할 때 100m 달리기 최고 기록은 18초로 기억하고 있다. 그러나 오래달리기는 항상 1등으로 들어 왔다. 아이들은 힘들어 하는데 난 늘 여유 있게 들어 왔다. 일정한 속도로 뛰다가 막판 한 바퀴에 남은 힘을 쓰면 된다.

그래서인가 난 58세에 마라톤에 도전했다. 같이 수영하는 젊은 친구가 '춘마'를 간다 해서 그게 뭐냐고 물었다. 춘천마라톤의 줄임 말이라 했다. 단 한번도 생각해 본 적이 없는 종목이다. 나에게 마라톤은 올림픽 마지막 피날레를 장식하는 종목이며 가끔 열리는 국제마라톤은 그저 시청자 입장에서만 바라보는 스포츠일 뿐이었다. "선생님, 연습하면 충분히 할 수 있어요." 그 친구가 잔잔한 내 가슴에 돌을 던진 것이다.

'된다고? 이 나이에?' 그렇게 처음으로 그 친구 따라 5km에 도전했다. 미사리 조정경기장 한 바퀴를 도는 거였다. 뛰고 나서 죽는 줄 알았다. 와~ 이건 두 번 할 짓은 아니구나. 5km 완주했다는 그것만으로 만족하며 나의 마라톤은 여기까지라고 선을 그었다. 10km에 도전한 그 친구가 들어와 자신의 기록을 확인했다. 나도 기록을 확인하려니 기록 확인은 10km부터 가능하다고 했다. 순간 머쓱하기도 했지만 뭔가 공식 기록을 받아보고 싶은 강한 욕구가 나를 부추겼다.

그리고 2019년 10월 춘마에 나가게 된다. 티셔츠도 오고 명단이 들어간 신문도 오고 책자도 오고 뭔가 미사조정경기장 뛸 때와는 다른 필이 느껴졌다. 준비 없이는 안 된다. 일단 10km를 뛸 수 있는 체력이 되어야 하고 숨쉬기가 되어야 한다. 첨부터 10km를 뛸 수는 없다. 5km부터 서서히 늘려 나갔다. 관건은 숨쉬기다. 내가 숨 쉴 수 있는 나의 속도를 찾는 것이 가장 중요했다. 그렇게 자신의 호흡을 찾으면 조금씩 거리를 늘려나간다. 대회 나가기 전 10km 를 두어 번 뛰어 봤다. 기록보다도 완주에 목표를 두고 춘마에 나갔다.

3만 5천 명이 넘는 사람들이 모였다. 이리 많이 오다니. 규모에 놀랐고 많은 사람 속에 점 하나일지라도 내가 들어간 것이 기분 좋았다. 춘마는 국제마라톤이라 세계적인 선수들이 참가한다. 그들이 먼저 뛰고, 풀코스 참가자가 뛰고, 하프 참가자가 뛰고, 한 번이라도 10km를 뛴 사람들이 뛰고, 그 다음이 처음 참가하는 10km 참가자들이 뛴다. 참가한 모든 사람이 출발점을 나가는 데만도 한 시간 이상이 소요되었다. 춘마는 10km부터 참가할 수 있다. 어렸을 적 운동회 달리기 직전 오는 그

떨림 그 느낌 제대로 들었다.

　출발선을 지나면 나의 시간이 자동으로 카운트 된다. 난 우리 동네 둑방길 우레탄 트랙 위에서 연습했는데 실제 마라톤 코스는 아스팔트 차 길을 뛴다. 오르막 내리막이 있다. 일단 내가 늘 연습 때 뛰었던 숨쉬기 속도에 맞춰 절대 무리하지 않고 '연습은 실전처럼, 실전은 연습처럼'을 외치며 뛰었다. 서서히 지치는 사람들이 나타났다. 아니 저렇게 쉬이 지칠 거면서 왜 신청한 거지? 참가하는데 의의를 두는 사람들이 많았다. 유모차를 밀면서 뛰는 사람도 있다. 그 안에 아이가 있어 놀랐다. 일찍부터 아이에게 뛰는 감을 알려주는 것일까 암튼 뛰면서 다양한 사람들의 모습들을 보는 것도 재미 중 하나였다. 10km는 춘천마라톤의 백미인 의암 호수가를 뛰지 못하고 그 직전 유턴하여 돌아오는 코스다. 그래도 춘마는 의암호를 끼고 달려야 하는게 아닌가. 살짝 하프에 욕심이 생겼다. 아니다. 천리길도 한 걸음부터라고, 10km라도 제대로 뛰어야 한다. 그렇게 뛴 나의 첫 10km 도전은 뛸 만했다. 크게 지치지 않고 잘 들어왔다. 공식기록은 1시간 7분. 마음은 1시간 안에 들어오고 싶었으나 현실은 여기까지. 쉬지 않고 1시간을 뛰는 일은 결코 쉽지 않다. 그러나 재밌었다. 미사리 5km보다 숨차지 않았다. 나름 주 1회 연습한 덕이다. 그래서 계획을 짰다. 3월 경주 동아마라톤에 10km 한 번 더 도전하고, 잘 뛰면 2020년 10월 춘마 하프에 도전하기로….

그러나 세상 일은 예측할 수 없다. 코로나 사태가 발생한 것이다. 그리고 나의 마라톤 참가는 잠시 보류 상태다. 연습만 해 놓으면 언제든지 참가할 수 있다. 젊은 친구 덕분에 내 인생에 마라톤을 뛰어 봤다. 영혜 씨 고마워요. '도전'을 해야 알 수 있는 것이다. 나이가 들수록 도전하는게 많아야 할 거 같다. 이제야 도전에 재미를 느끼다니. 넘 늦은 거 아냐? 그럴 수 있다. 그러나 지금이 가장 빠르고 젊은 날이라 하지 않는 가. 물론 '더 젊었을 때 도전했다면' 생각도 든다. 그러나 어쩌랴. 이미 지나 온 시간이고 난 지금 이 나이에 살고 있는데….

10년 뒤, 그때라도 할 껄. 껄. 껄 하지 않기 위해서라도 난 지금 도전하라고 말하고 싶다.

Here & Now

10km 마라톤 기념메달을 걸고 홧팅!! 하는 나 (2019 춘천마라톤참가)

내려올 산을 왜 가냐고 묻는다면

내려올 산을 왜 가냐고 한다.

올라가고 내려오는 동안 내 안의 생각에 잠길 수 있고 자연 속으로 들어갔다 나오는 그 귀함을 읽지 못함이다. 수줍게 피어 있는 산속 들꽃들과 팔랑이는 나뭇잎들과 인사하는 즐거움을 몰라서이다. 깊은 자연의 향이 주는 편안함을 아직 몰라서이다. 나도 처음부터 그런 걸 느낀 건 아니다. 다니다 보니 다니다 보니 보이기 시작했고 느끼기 시작했다. 같은 산이라도 계절에 따라 시간에 따라 나이에 따라 각각 다르다.

한 가지 꿈이 생겼다. 산을 좋아해 산악회도 들어갔으니 산에 갔다 오면 기록을 하고 그것을 책으로 만들어 보고 싶다. 이 담에 내 손주 녀석들 중 산을 좋아할 친구가 나온다면 할머니가 쓴 산행기도 읽고, 할머니가 다녀 온 산도 오르며, 시대는 다르나 같은 공간 속에서 할머니와 대화할 수 있지 않을까 즐거운 상상 하나 보태어 본다.

퇴임 후 산에 갈 체력이 될지. 책 쓸 시간이 있을지 모르겠다. 그래도 던져 보는 것이다. 건강이 허락한다면 가능할 수도 있으니.

일단은 지금 들어간 산악회를 열심히 따라 다닐 수만 있다면 좋을 거 같다. 나이 들어 산악회 활동이라 망설임도 있었으나 몇 번의 등산을 통해 아직은 가능성 있음으로 판단했다. 우리 산악회 평균 연령을 보니 내가 중간 정도 나이라 용기를 가질 수 있었다. 그리고 함께 산을 타는 동지들이 있다는 것은 엄청난 힘이다. 함께 산 타는 시간이 보태지면서 '동지애'도 생겼다. 각자 자신의 속도로 산을 오르나 가다 보면 보이지 않게 서로 밀어주고 당겨주고 챙겨주며 간다는 것을 알게 되었다. '따로 또 같이'란 느낌이 기가 막히게 조화를 이루는 활동이다. 가장 감동은 간식 시간이다. 자신의 배낭만으로도 버거울 텐데 쉬는 시간에 내놓는 간식에 난 몇 번이나 감동을 받았다. 가벼운 배낭도 몇 시간을 메고 가면 힘든데 묵묵히 지고 가다 하나씩 내 놓은 그 맘씨가 너무 고와 목이 메었다. 산 위에서 문어숙회, 콩국물, 김치찌게, 삼겹살 등등 메뉴는 상상을 초월한다. 난 그저 모든 게 신기하고 재밌다. 같은 취미 하나로 힘듦을 같이 하고 그 힘듦을 즐기는 것은 그 활동을 해 본 사람만이 느낄 수 있다. 산 동지들이 보고 싶다.

다치지 않았다면 이번 주 북한산 숨은 벽을 오르고 있을텐데… 나의 발목 부상이 많이 아쉽다.

수영, 마라톤, 등산에 요즘 자전거를 추가할까 생각 중이다. 자전

거 길이 너무 잘 되어 있어 가슴이 뛴다. 영상을 보면 달려보고 싶다는 생각이 든다. 중학교 체육시간에 자전거 시험을 본다고 학교 앞 자전거 포에서 빌려와 겨우겨우 운동장 돌아 본 것이 전부이다. 운동장 밖을 나가보지 못한 자전거 실력이다. 너무 지르는 건 아닐까. 사실 걱정도 된다. 그러나 해보고 싶은 마음이 아직은 있다. 또 하나의 숙제를 던져 본다.

올해도 과꽃이 피었습니다

올해도 과꽃이 피었습니다
꽃밭 가득 예쁘게 피었습니다
누나는 과꽃을 좋아했지요
꽃이 피면 꽃밭에서 아주 살았죠

어렸을 적 많이 불렀던 '과꽃'이란 동요이다. 턱골집 계단 양 옆으로 늦여름부터 가을까지 온갖 색상의 과꽃들이 흐드러지게 피었다. 나에게 과꽃은 턱골집과 계단길을 만들어 준 아버지를 생각하게 한다.

글이 거의 끝날 때까지 책 제목을 정하지 못했다. 책 제목 정하기가 이리 어렵다는 걸 알았다. 그러다 퍼뜩 스치는 동요 한 구절 '올해도 과꽃이 피었습니다' 이 노래를 부를 때마다 턱골 집과 나의 어린시절이 연결된다. 이건 어떨까? 모처럼 신 자매들이 좋다는 의견 일치를 보였다. 은갱이는 신작로에서 우리 집으로 올라가는 계단 따라 피어 있는 과꽃들이 생각나고, 희선이는 과꽃은 턱골집과 어울려 항상 그 자리에 무심히 꿋꿋하게 지켜주는 꽃으로 기억하고, 막내는 언니들처럼 턱골집 기억이 또렷하지 않으나 왠지 과꽃 노래를 들으면 아빠 생각이 난다고 했다. 나의 60년 친구 선미도 턱골 우리 집 과꽃 계단길이 생각난다고 했다.

우리는 다양한 것으로 우리의 시간들을 추억한다. 글을 쓰면서 내가 강원도서 보낸 시간보다 서울서 보낸 시간이 5배 가까이 되는데도 강원도의 자연을 떠나지 못하고 있음을 알았다. 하늘, 별, 바람, 들꽃, 산, 나무, 눈, 얼음, 봄, 여름, 가을, 겨울… 어렸을 적 봐 온 모든 것들이 지금의 나를 만들었음을 알 수 있었다. 강원도에서의 어린 시절은 나에게 너무도 값지고 특별한 선물이었다.

이제는 인적이 끊긴 턱골집 돌계단의 과꽃은 사라졌지만 내 마음 속엔 올해도 과꽃이 피었다. 꽃과 함께 나의 어린 시절 추억들도 몽실몽실 피어났다. 내가 사는 동안 올해도 과꽃은 계속 피어날 것이다.

닫는 글

재밌는 작업이었다.

글을 쓸 때마다 그 시간 그 공간으로 내가 간다.

5살 나를 만나고, 설움에 울던 10살 나도 만나고, 북적북적 대던 국민학교 운동장으로, 시장 통으로, 학교 교실로 가 친구들도 만났다. 웃기도 했고, 그립기도 했고, 눈물이 나기도 했다.

그때는 몰랐는데 지나고 나니 이리 가슴 시린 시간들 임을 알았다.

지금 이 순간도 어느 날 그리운 시간이 되겠지. 한 순간 한 순간이 참으로 소중하다.

이 모든 작업을 할 수 있음에 감사하다.

글을 쓰고, 쓸 시간을 만들어 내고, 기억할 수 있고, 쓸 추억이 있어 감사했다.

작년부터 지나온 달을 돌아보고 새로운 달을 마주하는 성찰 프로그램에 참여하고 있다.

한 달에 한 번 조용히 자신을 들여다보는 시간으로 많은 도움을 받고 있다. 올해 꼭 해보고 싶은 일, 난생 처음 도전하는 일 등을 쓰는데 막연히 '책 한 권 써 보기'를 적었다. 처음엔 할 수 있을까? 에서 지금은 현실로 진행되고 있음에 놀랍다. 계속 하고자 하는 일을 써 놓고 시작하는 용기와 계속해 나가는 실천이 있다면 실현된다. 이제야 '실천'의 힘을 앎에 늦은 나이일 수 있으나 앞으로 남은 시간 동안 다양한 '도전'을 해보려 한다. 도전할 꼭지들을 만들어 가는게 내 나이 듦에 대한 계획이다. 어떤 꼭지들로 만들어 나갈까 나의 숙제가 계속 될 것이다.

그 속엔 '언제나 함께 하고 싶은 할머니' 꼭지도 들어 있다. 나의 첫 손녀와 거의 60년 차이다. 15개월인데 얼마 전 동생을 봐 지금 우리 집에 와 있다. 밥을 만들어 주면서 내가 이 아이에게 해 줄 수 있는 시간이 얼마나 될까를 생각하게 된다. 그리고 우리 아이들에게 밥을 만들어 주신 시할머니 생각이 났다. 이만큼 세월이 흘러서야... 할머니도 우리 아이들 밥을 만들어 주실 때 이런 정성을 갖고 지으셨겠구나. 손녀 밥을 하다 할머니 생각에 울컥했다.

환갑이 지났다고 크게 달라질 것은 없다. 아직 나이는 숫자일 뿐 내 맘은 사무엘 울만(1840~1924)의 '청춘'을 읊는다.

청춘이란 인생의 어떤 한 시기가 아닌 사람의 마음가짐을 뜻 한다네.

청춘은 장밋빛 볼, 붉은 입술, 부드러운 무릎이 아니라 풍부 한 상상력과 왕성한 감수성, 의지력 그리고 인생의 깊은 샘에 서 솟아나는 신선함을 뜻 한다네.

때로는 예순 살의 노인이 스무 살 청년보다 더 청춘일 수 있다네.

세월이 흐른다고 늙는 것이 아니라 이상을 잃어버릴 때 비 로소 늙는 것이라네

그저 오늘도 묵묵히 나의 하루를 감사하며 성실히 사는데 집중하고 자 한다. 그렇게 하루, 한 달, 일 년, 십 년… 나의 삶이 쌓여갈 것이다. 10년 뒤, 70을 맞으며 또 한번 도전해 보면 어떨까? 한치 앞도 모르는 게 인생이나 그래도 그런 행운이 나에게 온다면 기꺼이 감사하며 또 도 전해 보리라.

나를 돌아 본 즐거운 시간이었다.

자신의 60고개에 한번쯤 지나온 시간과 추억을 돌아보는 작업 괜찮 은 거 같다. 그러나 일상생활과 병행하면서 글쓰기를 한다는 것은 쉽지 않았다. 결국 자는 시간을 줄이게 되어 그 점이 힘들었지만 나의 글에 대해 재밌다며 격려해 준 남편과 두 아들, 추억의 많은 부분을 공유한 신 자매들과 선미, 선주의 응원이 있어 더 신나게 글을 쓴 거 같다. 그리고 짧은 연수였음에도 부드럽게 과제를 내주고, 웃으면서 압박하신 김혜경 선생님의 지칠 줄 모르는 격려가 있었기에 책 한 권 쓰는 숙제가 가능했다. 함박눈 내리는 인사동 거리에서 나의 책 출판을 도와주기 위해 기꺼이 귀한 시간 내 주신 사랑에도 감사를 드린다. 처음 출판하는 나를 위해 마음 편하게 들어 주시고 애정 어린 조언을 해 주신 한 덤북스 박제언 대표님께도 감사의 마음을 전한다. 마지막 내 글을 재밌게 읽어 주고, 글의 순서를 정리해 준 병호야 고맙다. 모든 것이 귀한 인연이라 생각하며 좋은 사람들과 내가 계속 확장되는 기쁨도 누린 시간이었다.

　세상은 배울 게 무한한 곳이다. 머무는 동안 잘 쓰고 가야 할 거 같다.

2022. 2. 18. 끝냈다. 기쁘다. 신난다.